KUVUNJA MADHABAHAU ZA KIFAMILIA

Dkt. Maxwell Shimba

Shimba Publishing, LLC.

Shimba Theological Institute

JEDWALI LA YALIYOMO

Utangulizi vi

Sehemu Ya 01 1

Madhababu Ni Nini? 1

Madhababu za Kimungu 4

Madhababu Zisizo za Kimungu 9

Madhababu za Kifamilia 12

Mifumo ya Madhababu za Kifamilia Katika Maisha Yetu 17

Sehemu Ya 02 22

Kuelewa Madhababu za Kifamilia 22

Kuweka Maagano 27

Sehemu Ya 03 38

Aina za Madhababu za Kifamilia 38

Madhababu ya Uvumba Katika Hema ya Kukutania 41

Madhababu Zisizo za Kimungu 45

Sehemu Ya 04 50

Jinsi Madhababu za Kifamilia Zinavyoundwa 50

Dhambi na Ibada za Sanamu 54

Laana na Maagano 58

Sehemu Ya 05 63

Athari za Madhababu Zisizo za Kimungu za Kifamilia 63

Kukwama Maishani 67

Mifumo ya Hasi Inayojirudia......71

Sehemu Ya 06......**76**

Mifano ya Madhabahu za Kifamilia Katika Biblia......**76**

Madhabahu za Kimungu za Abrahamu......80

Marekebisho ya Mfalme Yosia......84

Mifano ya Kibiblia ya Madhabahu za Kifamilia......88

Sehemu Ya 07......**93**

Ishara Zinazoonyesha Familia Yako Iko Chini ya Mshiko wa Madhabahu Zisizo za Kimungu......**93**

Mashambulizi ya Kiroho Yasiyojulikana au Kukwama......97

Utegemezi Unaorudiarudia au Mahusiano yaliyovunjika......102

Sehemu Ya 08......**107**

Jinsi ya Kuvunja Madhabahu za Kifamilia......107

Toba na Kukataa Dhambi......111

Kuvunja Laana Kupitia Damu ya Yesu......115

Kuanzisha Madhabahu za Kimungu......119

Sehemu Ya 09......**124**

Vifaa vya Kiroho vya Kuvunja Madhabahu za Kifamilia......124

Kutangaza Neno la Mungu: Tumia Maandiko Kupigana Vita vya Kiroho......128

Mafuta ya Upako na Vitendo vya Kinabii......132

Sehemu Ya 10......**137**

Nguvu za Madhabahu za Kimungu......137

Sehemu Ya 11 .... **143**

Tafiti za Mifano na Ushuhuda 143

Sehemu Ya 12 .... **148**

Kuishi Huru Kutoka kwa Utumwa wa Madhabahu za Kifamilia 148

Sehemu Ya 13 .... **153**

Hitimisho 153

Sehemu Ya 14 .... **156**

Maombi ya Kuvunja Madhabahu za Kifamilia 156

Mwisho **160**

UTANGULIZI

Familia ni msingi wa jamii, lakini familia nyingi zinakumbana na changamoto za kurudia-rudia mifumo ya maumivu, kushindwa, na ukandamizaji. Changamoto hizi mara nyingi zinatokana na ngome za kiroho zilizojikita kwenye madhabahu za kifamilia zisizompendeza Mungu. Katika kitabu hiki, tutaingia kwa kina katika fumbo la madhabahu za kifamilia na kutoa mwongozo wa kiutendaji na wa kibiblia jinsi ya kujikomboa kutoka kwa ushawishi wao.

Biblia inasema wazi: **"Basi, Mwana akiweka huru, mtakuwa huru kweli kweli"** (Yohana 8:36). Mungu tayari ametupatia zana na mamlaka ya kushinda ngome yoyote ya kishetani. Lengo la kitabu hiki ni kukusaidia kutambua uwepo wa madhabahu za kifamilia, kuelewa athari zake, na kuziharibu kupitia nguvu za Yesu Kristo.

Kwa kutumia *Strong Concordance* na mafunzo ya kina ya Biblia, utangulizi huu unakupa msingi wa kuelewa somo hili nyeti. Tutachunguza maneno muhimu ya kibiblia yanayohusiana na madhabahu za kifamilia, kuanzia maana ya "madhabahu" hadi jinsi yanavyoweza kuathiri kizazi baada ya kizazi.

Kitabu hiki kinalenga kukuongoza hatua kwa hatua katika safari ya kujikomboa na kujenga msingi mpya wa kifamilia ulio huru na uliojaa baraka za Mungu. Tunaamini kuwa kwa neno la Mungu na nguvu za Kristo, familia yako inaweza kuvunjilia mbali minyororo ya giza na kuingia kwenye nuru ya uhuru wa kimungu. **Karibu kwenye safari ya kujifunza na kufunguliwa!**

SEHEMU YA 01

MADHABAHU NI NINI?

Madhabahu ni Nini Kulingana na Biblia?

Madhabahu ni sehemu muhimu katika Maandiko ya Biblia na ni sehemu ya kiroho inayotumika kutolea dhabihu, ibada, na maombi kwa Mungu. Katika Agano la Kale, madhabahu zilikuwa sehemu za ibada ambapo watu walikusanyika kutoa dhabihu na kutoa shukrani kwa Mungu kwa ajili ya baraka, wokovu, na msamaha. Hata hivyo, madhabahu pia zilikuwa sehemu ambapo familia au watu binafsi walikubaliana na Mungu kwa kupitia maagano, na katika baadhi ya matukio, zilikuwa sehemu ambapo Mungu alikutana na watu wake, akatoa maagizo au alijidhihirisha kwao.

Katika Biblia, madhabahu ni sehemu ya kumwabudu Mungu, na zilikuwa sehemu muhimu za kiroho katika jamii za Waisraeli na watu wa mataifa mengine. Kama mfano, Ibrahim alijenga madhabahu ili kumtukuza Mungu na kutangaza imani yake. Madhabahu pia zilikuwa sehemu za kufanya dhabihu, na dhahiri kwamba dhambi ilikuwa ikifutwa kwa njia ya dhabihu za wanyama.

- **Mwanzo 12:7-8:** *"Bwana akamtokea Abramu, akasema, Uzao wako nitawapa nchi hii. Naye huko akamjengea Bwana madhabahu aliyemtokea. Kisha* *akaondoka kutoka hapo akaenda upande wa mashariki wa Betheli, akajenga hema yake..."*

- Hii inaonyesha jinsi madhabahu zilivyokuwa sehemu ya uhusiano wa kiroho kati ya Mungu na wanadamu, na jinsi zilivyotumika katika kufanya maagano na ibada kwa Mungu.

---

1. Uelewa wa Kihistoria na Theolojia wa Madhabahu

(a) Madhabahu katika Agano la Kale

Katika Agano la Kale, madhabahu za kimungu zilikuwa sehemu muhimu za kiroho na za ibada. Wakati wa Agano la Kale, Mungu alijidhihirisha kwa watu wake kwa njia ya madhabahu, na watu walikuwa wanajenga madhabahu kwa kujitolea kwa Mungu na kutoa dhabihu ili kumtukuza. Madhabahu hizi zilikuwa za aina mbili: madhabahu za dhambi (kwa ajili ya kutubu dhambi) na madhabahu za shukrani (kwa ajili ya kushukuru Mungu kwa baraka).

Madhabahu za dhambi zilikuwa za muhimu kwa ajili ya kufidia dhambi za watu, na mfano mzuri wa hii ni dhabihu za wanyama ambazo zilitolewa kwenye madhabahu, kama vile wanyama wa pasaka ambao walitolewa kwa ajili ya kuwakomboa Waisraeli kutoka utumwani Misri.

- **Kutoka 29:38-42:** *"Na hii ndiyo dhabihu mliyoitoa juu ya madhabahu; ng'ombe mmoja, na kondoo mmoja wa mwaka mmoja..."*
- Hii inaonyesha jinsi madhabahu zilivyokuwa sehemu ya ibada na dhabihu kwa ajili ya kumwomba Mungu msamaha na kukubaliana na mapenzi yake.

(b) Madhabahu za Maagano

Madhabahu pia zilikuwa sehemu za kufanya maagano. Watu walikuwa wanajenga madhabahu ili kuthibitisha ahadi na maagano yao na Mungu. Wakati ambapo watu walikuwa wanatoa ahadi kwa Mungu, walikuwa wanajenga madhabahu kama ishara ya kumtumikia Mungu kwa uaminifu.

- **Yoshua 24:26:** *"Yoshua akawaandikia hayo maneno katika kitabu cha sheria ya Mungu, akachukua jiwe kubwa, akaliweka hapo chini chini ya mti ulio karibu na madhabahu ya Bwana."*
- Hii inaonyesha jinsi madhabahu zilivyotumika kama alama ya kuthibitisha maagano na ahadi za kiroho kati ya Mungu na watu wake.

---

2. Maana ya Theolojia ya Madhabahu

Theolojia ya madhabahu inahusiana na wazo kwamba madhabahu ni sehemu ya kiroho ambapo wanadamu wanakutana na Mungu kwa kupitia dhabihu, ibada, na maombi. Katika Biblia, madhabahu hazikuwa tu sehemu za kutoa dhabihu za kimwili, bali pia zilikuwa alama ya uhusiano wa kiroho na Mungu. Madhabahu za kimungu zinazojengwa na waamini leo hutoa nafasi ya kutafuta uso wa Mungu na kuomba uongozi wake.

Madhabahu za kimungu ni sehemu ya kujitolea kwa Mungu na kutangaza mamlaka yake juu ya maisha ya watu. Kwa imani, tunajenga madhabahu katika familia zetu na katika maisha yetu ili kutangaza utawala wa Mungu juu ya kila nyanja ya maisha yetu.

- **Warumi 12:1:** *"Basi, ndugu zangu, kwa huruma za Mungu, nawasihi, mtoe miili yenu kama dhabihu iliyo hai, takatifu, yenye kumpendeza Mungu..."* Hii inaonyesha jinsi tunavyoweza kujitolea kwa Mungu kwa njia ya kiroho kwa kumtumikia katika maisha yetu ya kila siku na kumtukuza katika madhabahu za kibinafsi.

---

3. Maana ya Madhabahu Zinazozidi Biblia: Maana Isiyo ya Kimaandiko

Katika muktadha wa kiutamaduni wa kisasa na jamii nyingi, madhabahu zinaweza kuwa na maana zaidi ya ile inayozungumziwa katika Biblia. Madhabahu katika muktadha huu mara nyingi hutumika kama alama ya kumwabudu Mungu au kama sehemu ya ibada, lakini pia zinaweza kuwa alama ya umoja, familia, au desturi za kimsingi za kiroho au kijamii.

Madhabahu ambazo hazihusiani na ibada ya Mungu au hazitumikii madhumuni ya kiroho za kweli za Kikristo zinaweza kuwa za kishetani. Madhabahu za kishetani zinaweza kuwa sehemu za ibada za sanamu, uchawi, au imani za kijadi ambazo haziendani na mapenzi ya Mungu. Katika jamii nyingi, madhabahu hizi mara nyingi hutumika kwa ajili ya kusherehekea au kuomba baraka kutoka kwa nguvu za giza au kwa mungu wa uwongo.

- **1 Wakorintho 10:20:** *"Bali ninawaambia ya kwamba, wao wanaokula dhabihu za sanamu, hawakuli dhabihu za Mungu, bali wanashirikiana na mapepo."* Hii inaonyesha jinsi madhabahu za kishetani zinavyoweza kuwa na madhara na athari kubwa kwa kiroho.

Hitimisho

Madhabahu ni sehemu za kiroho muhimu katika Biblia, na zina maana kubwa ya kumtukuza Mungu, kutoa dhabihu, na kujenga uhusiano wa kiroho na Mungu. Madhabahu za kimungu zinatufanya tuwe na uhusiano wa karibu na Mungu na kutufanya tutembee kwa utakatifu. Hata hivyo, madhabahu zisizo za kimungu, kama vile madhabahu za kishetani, zinapaswa kuvunjwa ili kuepuka laana na vizuizi katika maisha ya familia na jamii. Kwa kupitia maombi, toba, na kutakasa madhabahu, familia zinaweza kupata ushindi wa kiroho, baraka, na uhuru wa kiroho.

Madhabahu za Kimungu

Kwa Nini Madhabahu za Kimungu Ni Muhimu Maishani Mwetu?

Madhabahu za kimungu ni sehemu muhimu katika maisha ya kiroho ya waamini. Katika Biblia, madhabahu za kimungu zilijengwa kama ishara ya kumtukuza Mungu, kutimiza maagano yake, na kutafuta uso wake kwa ajili ya baraka na uongozi wa kiroho. Madhabahu hizi siyo tu sehemu za kutoa dhabihu, bali pia ni alama ya kujitolea kwa Mungu na kutangaza mamlaka yake juu ya maisha yetu. Katika sura hii, tutaangazia kwa nini madhabahu za kimungu ni muhimu maishani mwetu, ni nani aliyejenga madhabahu za kimungu katika Biblia, na ni faida gani walizozipata kutokana na kumtumikia Mungu kupitia madhabahu hizi.

---

1. Madhabahu za Kimungu: Mahali pa Kumwabudu Mungu

Madhabahu za kimungu ni sehemu za kiroho ambapo waamini wanakusanyika ili kumtukuza Mungu na kutoa dhabihu kwa ajili ya kumshukuru na kumwomba. Katika Biblia, madhabahu za kimungu zilijengwa kwa lengo la kutenga maeneo kwa ajili ya ibada na maombi. Madhabahu hizi ni ishara ya kujitolea kwa Mungu na kutafuta uso wake kwa imani. Mungu alijidhihirisha kwa watu wake kupitia madhabahu, akawapa maagizo, na alikubaliana na watu wake kupitia maagano ambayo yalifanywa juu ya madhabahu.

- **Mwanzo 12:7-8:** *"Bwana akamtokea Abramu, akasema, Uzao wako nitawapa nchi hii. Naye huko akamjengea Bwana madhabahu aliyemtokea. Kisha akaondoka kutoka hapo akaenda upande wa mashariki wa Betheli, akajenga hema yake..."*
- Madhabahu za kimungu zilijengwa ili kumtukuza Mungu na kutangaza mapenzi yake juu ya watu wake.

(a) Madhabahu za Kimungu ni Sehemu ya Ibada na Maombi

Madhabahu za kimungu ni sehemu za ibada ambapo familia na watu binafsi wanakusanyika kwa ajili ya kumtukuza Mungu, kumwomba rehema, na kutoa dhabihu za shukrani. Katika Agano la Kale, madhabahu za kimungu zilikuwa sehemu muhimu za kufanya maombi ya toba na kushukuru kwa baraka za Mungu.

- **Zaburi 95:6:** *"Njoo, tupige teke mbele za Bwana, tuabudu kwa shingo za chini; tuapige magoti mbele za Bwana Muumba wetu."*
- Ibada kwa Mungu, kupitia madhabahu, ni sehemu ya kumtukuza na kutafuta uso wa Mungu kwa imani.

(b) Madhabahu za Kimungu Zinaleta Umoja wa Ki-Mungu

Madhabahu za kimungu zinatufanya tuungane na Mungu kwa umoja. Wakati wa maombi ya familia, madhabahu za kimungu ni sehemu ya kujitolea kwa Mungu na kutafuta uongozi wake. Umoja wa familia katika ibada na maombi unaleta baraka na nguvu za kiroho.

---

2. Madhabahu za Kimungu Zina Faida Nyingi

(a) Madhabahu za Kimungu Zinaleta Baraka

Madhabahu za kimungu ni sehemu za kutafuta baraka kutoka kwa Mungu. Familia au watu wanaojitolea kwa Mungu kupitia madhabahu hizi wanapata baraka katika kila sehemu ya maisha yao. Hii ni pamoja na baraka za kifedha, afya, amani, na mafanikio ya kiroho.

- **Malaki 3:10:** *"Leteni zaka kamili nyumbani mwa hazina, ili kuwa na chakula nyumbani mwangu, nanyi mjaribu kwa hiyo, asema Bwana wa majeshi, kama sitaifungua madirisha ya mbinguni, na kutiririsha baraka hata zisizo na nafasi."*

Madhabahu za kimungu hufungua milango ya baraka za kimungu.

(b) Madhabahu za Kimungu Zinaleta Ulinzi

Wakati familia au watu wanajitolea kwa Mungu na kujenga madhabahu za kimungu, wanapata ulinzi wa kiroho dhidi ya nguvu za kishetani. Madhabahu hizi ni sehemu ya kutafuta ulinzi wa Mungu, ambapo nguvu za giza na majaribu yanashindwa kwa imani katika Neno la Mungu.

- **Zaburi 91:10-11:** *"Hakutakuwa na maafa yatakayokupata, wala pigo halitaikalia hema yako. Kwa maana atamwamuru malaika zake wakulinde katika njia zako zote."*
- Madhabahu za kimungu zinatoa ulinzi wa kimungu kwa familia na watu.

(c) Madhabahu za Kimungu Zina Kufaulu Kutoa Ushindi wa Kiroho

Madhabahu za kimungu zinatufanya tuwe na ushindi wa kiroho kwa kutangaza mamlaka ya Mungu juu ya familia zetu na maisha yetu. Kwa kutafuta uso wa Mungu katika madhabahu hizi, tunashinda kila nguvu ya giza na laana.

- **Waefeso 6:10-11:** *"Hatimaye, enendeni kwa nguvu za Bwana, na kwa uwezo wa nguvu zake zote. Vaa silaha zote za Mungu, mpate kuweza kushindana na hila za shetani."*
- Madhabahu za kimungu ni sehemu ya kujiimarisha kiroho na kushinda mapingamizi ya kishetani.

---

3. Nani Aliyejenga Madhabahu za Kimungu Katika Biblia?

(a) Abrahamu

Abrahamu ni mmoja wa watu wa kwanza kujenga madhabahu za kimungu. Alijenga madhabahu kama ishara ya kujitolea kwa Mungu na kutangaza imani yake. Kwa kufanya hivyo, alikubali maagizo ya Mungu na alikubali kuwa mpenzi wa Mungu kwa dhabihu zake.

- **Mwanzo 12:7-8:** *"Bwana akamtokea Abramu, akasema, Uzao wako nitawapa nchi hii. Naye huko akamjengea Bwana madhabahu aliyemtokea."*
Abrahamu alijenga madhabahu kwa imani na alikubali uongozi wa Mungu, na kwa hiyo alibarikiwa na Mungu kwa njia ya ajabu.

(b) Isaaki

Isaaki alifuata mfano wa baba yake Abrahamu na alijenga madhabahu za kimungu kama ishara ya kujitolea kwa Mungu.

- **Mwanzo 26:25:** *"Aka jenga madhabahu huko, akaliita jina lake Bwana, akachimba kisima cha maji."*
Isaaki alijenga madhabahu kwa kumtukuza Mungu na kwa hivyo aliishi kwa baraka za kiroho.

(c) Elia

Elia alijenga madhabahu ili kumtukuza Mungu wakati alipokuwa akielekea kupinga ibada ya Baali. Alijenga madhabahu ya kimungu kama ishara ya kumshinda Baali na kuthibitisha uweza wa Mungu.

- **1 Wafalme 18:30-32:** *"Ndipo Elia akawaambia watu wote, Karibuni kwangu. Wakaikaribia. Akaiweka tena madhabahu ya Bwana iliyokuwa imebomolewa."*
Elia alijenga madhabahu kama sehemu ya kutangaza mamlaka ya Mungu na kudhihirisha nguvu za Mungu mbele ya watu.

Madhabahu za kimungu ni sehemu muhimu katika maisha ya kiroho ya waamini. Kwa kujenga madhabahu za kimungu, familia na watu binafsi wanapata baraka, ulinzi, na nguvu za kushinda nguvu za giza. Kama Abrahamu, Isaaki, na Elia walivyofanya, sisi pia tunaweza kujenga madhabahu katika maisha yetu, kumtukuza Mungu, na kutangaza mamlaka yake juu ya familia zetu. Madhabahu hizi siyo tu sehemu za ibada, bali pia ni sehemu za kutafuta baraka, uongozi, na ushindi wa kiroho kutoka kwa Mungu.

Familia zinazojitolea kwa Mungu kwa imani na kutumia madhabahu za kimungu zitashuhudia matokeo ya baraka za kiroho, na kuishi kwa amani, furaha, na ushindi wa kiroho.

Madhabahu Zisizo za Kimungu

Madhabahu Zisizo za Kimungu Ni Nini? Kwa Nini Zina Hatari Maishani Mwetu?

Mfano wa Madhabahu Zisizo za Kimungu katika Biblia

Madhabahu za kishetani ni sehemu zinazojengwa au kutumika kwa madhumuni yasiyo ya kimungu. Zinaweza kuwa sehemu za ibada za sanamu, uchawi, au maagano ya dhambi ambayo yanazuia baraka za Mungu na kuleta vizuizi katika maisha ya waamini. Madhabahu hizi ni hatari kwa sababu zinashikilia nguvu za giza na zinazuia upendo na mapenzi ya Mungu kutoka kutawala katika maisha yetu. Katika sura hii, tutaangazia ni madhabahu zisizo za kimungu ni nini, kwa nini ni hatari katika maisha yetu, na tutataja mifano ya madhabahu zisizo za kimungu kutoka kwa Biblia.

---

1. Madhabahu Zisizo za Kimungu: Nini Zina Manisha?

Madhabahu zisizo za kimungu ni sehemu au maeneo yaliyotengwa kwa ajili ya ibada, dhabihu, au maagano ambayo hayahusiani na Mungu wa kweli. Madhabahu hizi hutumika kuabudu sanamu, roho za uovu, au nguvu za kishetani. Madhabahu zisizo za kimungu ni hatari kwa sababu zinawaongoza watu kufanya ibada kwa njia zisizo sahihi, ambazo zinaleta laana, dhambi, na kuzuiwa kwa baraka za kiroho.

Katika Biblia, madhabahu za kishetani zilijengwa na watu waliokuwa wanachukiza Mungu, na mara nyingi zilikuwa sehemu za kuabudu miungu ya uwongo, kama Baali, Ashera, na miungu mingine. Hizi zilikuwa madhabahu ambazo zilijengwa na watu ambao walikataa kumwabudu Mungu wa kweli na badala yake walifuata mapenzi ya shetani.

- **1 Wafalme 16:30-33:** *"Ahabu, mwana wa Omri, alifanya yaliyo maovu machoni pa Bwana kuliko wote waliokuwa mbele yake. Akaendelea kumfanya mke wake Izeberi mfalme wa Sidoni, na akaenda akaabudu Baali na kumtumikia."*
- Hii inaonyesha jinsi Ahabu alivyokuwa akijenga madhabahu za kishetani kwa kumtumikia Baali, jambo ambalo lilileta laana kwa taifa la Israeli.

---

2. Kwa Nini Madhabahu Zisizo za Kimungu Ni Hatari Maishani Mwetu?

(a) Zina Zuia Baraka za Mungu

Madhabahu za kishetani zinazuia baraka za Mungu kutiririka katika maisha ya watu. Wakati familia au jamii zinajenga madhabahu za kishetani, wanajitenga na Mungu na kumruhusu shetani kuwa mtawala katika maisha yao. Hii inasababisha kushindwa kiroho, magumu, na laana.

- **Yeremia 7:9-10:** *"Je! Mnatenda wizi, kuuawa, kutenda uzinzi, kuapa kwa uongo, kuteka, na kumvua mavazi ndugu yako, kisha kuja mbele zangu, nyumba hii iitwayo jina langu, ili kutenda mambo yote haya?"*

  Hii inaonyesha jinsi madhabahu za kishetani zinavyosababisha watu kuishi kwa dhambi na mbali na Mungu, na kuzuiwa kwa baraka za Mungu.

(b) Zinashikilia Familia na Vizazi

Madhabahu zisizo za kimungu pia zinaweza kuwa chanzo cha laana za kizazi. Kizazi kimoja kinapotenda dhambi na kujitenga na Mungu kwa kujenga madhabahu za kishetani, athari za dhambi hizi zinaweza kuendelea katika vizazi vijavyo.

- **Kutoka 34:7:** *"Nawapatiliza wana maovu ya baba zao hata kizazi cha tatu na cha nne cha wanichukiao."*

Madhabahu za kishetani zinaweza kuathiri familia na vizazi vingi, na kuleta laana na vizuizi kwa vizazi vijavyo.

(c) Zinamfanya Mtu Kuishi Katika Utumwa wa Kiroho

Madhabahu za kishetani zinamfunga mtu katika utumwa wa kiroho na kumzuia kuwa huru kutoka kwa nguvu za giza. Hii inapelekea mtu kuishi maisha ya kiroho yaliyopotea, kushindwa, na kutokuwa na furaha ya kweli.

- **Waefeso 6:12:** *"Kwa maana hatufanyi vita na damu na nyama, bali na wakuu, na majeshi ya roho za uovu katika ulimwengu huu wa giza..."*
- Madhabahu za kishetani ni sehemu ya vita vya kiroho ambavyo vinahitajika kushindwa kwa nguvu za Mungu.

---

3. Mfano wa Madhabahu Zisizo za Kimungu Katika Biblia

(a) Madhabahu ya Baali (1 Wafalme 18:20-40)

Madhabahu ya Baali ni moja ya mifano maarufu ya madhabahu zisizo za kimungu katika Biblia. Wakati wa utawala wa mfalme Ahabu na malkia Izeberi, walijenga madhabahu za Baali na kumtumikia Baali kwa dhabihu. Hii ilisababisha watu wengi wa Israeli kupoteza imani yao katika Mungu wa kweli na kuabudu miungu ya uwongo.

- **1 Wafalme 18:30-32:** *"Ndipo Elia akawaambia watu wote, Karibuni kwangu. Wakaikaribia.*

Akaiweka tena madhabahu ya Bwana iliyokuwa imebomolewa. Akaichukua jiwe kubwa, akaliweka hapo..." Elia alijenga madhabahu ya kimungu ili kuthibitisha nguvu za Mungu mbele ya watu wa Israeli, na madhabahu za Baali zilishindwa.

(b) Madhabahu ya Ashera (2 Wafalme 23:4-7)

Madhabahu za Ashera zilijengwa kama sehemu za kuabudu mungu wa kike wa Ashera. Mfalme Yosia aliona madhara ya madhabahu hizi kwa taifa la Israeli na alizivunja kwa nguvu.

- **2 Wafalme 23:4-7:** *"Mfalme akaamuru kuhani mkuu ajitolee... akamwaga mifupa za wafu juu ya madhabahu..."*

Madhabahu za Ashera zilikuwa sehemu ya ibada ya sanamu na zilileta laana kwa watu wa Israeli. Mfalme Yosia alijenga madhabahu za kimungu kwa kumwabudu Mungu wa kweli.

Madhabahu zisizo za kimungu ni hatari kwa sababu zinazuia baraka za Mungu, zinashikilia familia na vizazi kwa laana, na zinamfanya mtu kuwa mtumwa wa kishetani. Katika Biblia, madhabahu hizi zilijengwa kwa kuabudu miungu ya uwongo na kutoa dhabihu ambazo hazikuwa za kimungu. Lakini kupitia nguvu za Mungu, madhabahu za kishetani zinaweza kuvunjwa, na familia na watu binafsi wanaweza kupata uhuru wa kiroho, baraka, na ulinzi wa kimungu. Tunaweza kujifunza kutoka kwa mifano ya Biblia na kuendelea kuvunja madhabahu za kishetani kwa imani katika nguvu za Mungu, kwa kutumia Neno la Mungu, na kwa kujitolea kwa Mungu katika maombi na ibada.

Katika sura inayofuata, tutaangazia jinsi ya kuvunja madhabahu za kishetani kwa kutumia nguvu ya maombi, toba, na mafuta ya upako.

Madhabahu za Kifamilia

Madhabahu za Kifamilia Ni Nini? Kwa Nini Ni Muhimu Kuzijua? Na Athari Zake Katika Maisha Yetu ya Kila Siku

---

Madhabahu za kifamilia ni sehemu za kiroho zilizojengwa ndani ya familia, ambapo watu wanakusanyika kwa ajili ya ibada, maombi, na dhabihu. Madhabahu hizi zinapotumika kwa lengo la kumtukuza Mungu, zinakuwa na nguvu ya kiroho ambazo huletea baraka, ulinzi, na maelekezo ya kiroho kwa familia. Hata hivyo, madhabahu za kifamilia zinaweza pia kuwa chanzo cha utumwa wa kiroho na laana ikiwa zimetumika kwa kuabudu miungu ya uwongo au kuchukua sehemu ya ibada za kishetani. Katika sura hii, tutaangazia ni nini madhabahu za kifamilia, kwa nini ni muhimu kuzifahamu, na athari zinazoweza kuwa nazo katika maisha yetu ya kila siku.

---

1. Madhabahu za Kifamilia: Nini Zina Manisha?

Madhabahu za kifamilia ni sehemu ambazo familia inaweka kando kwa ajili ya ibada na maombi. Hizi ni maeneo ambapo watu wanakusanyika ili kutafuta uso wa Mungu, kumtukuza, na kuomba kwa ajili ya familia yao. Madhabahu hizi ni ishara ya kujitolea kwa Mungu na kumtangaza kama mtawala wa familia. Katika baadhi ya familia, madhabahu za kifamilia zinaweza kuwa sehemu ya kufunga, kusoma Biblia, na kutoa dhabihu kwa Mungu kwa shukrani na maombi ya kiroho.

Madhabahu za kifamilia ni muhimu kwa sababu zinasaidia kudumisha umoja wa kiroho, kutafuta baraka kutoka kwa Mungu, na kutoa nafasi kwa familia kuwa na uhusiano wa karibu na Mungu. Familia zinapojitolea kwa Mungu kupitia madhabahu za kifamilia, wanakuwa na nafasi ya kushinda vita vya kiroho, kupata baraka za kimungu, na kushirikiana kwa umoja.

- **Mwanzo 12:7-8:** *"Bwana akamtokea Abramu, akasema, Uzao wako nitawapa nchi hii. Naye huko akamjengea Bwana madhabahu aliyemtokea. Kisha akaondoka kutoka hapo akaenda upande wa mashariki wa Betheli, akajenga hema yake..."*
- Hii inaonyesha jinsi Abrahamu alivyokuwa akijenga madhabahu za kifamilia kwa kumtukuza Mungu na kumwomba.

---

2. Kwa Nini Ni Muhimu Kuzijua Madhabahu za Kifamilia?

(a) Madhabahu za Kifamilia Zinaathari kwa Maisha Yetu ya Kiroho

Madhabahu za kifamilia ni sehemu muhimu za kiroho kwa sababu zinamwezesha mtu au familia kuwa na mawasiliano ya moja kwa moja na Mungu. Kujenga madhabahu za kimungu katika familia ni njia ya kuweka familia chini ya uongozi wa Mungu. Kama vile madhabahu za kifamilia zinaweza kuwa chanzo cha baraka na ulinzi, pia zinaweza kuwa sehemu ya kuvunja nguvu za giza na mapingamizi ya kishetani katika familia.

- **Waefeso 6:12:** *"Kwa maana hatufanyi vita na damu na nyama, bali na wakuu, na majeshi ya roho za uovu katika ulimwengu huu wa giza..."* Madhabahu za kifamilia ni silaha za kiroho zinazotumika kushinda vita vya kiroho dhidi ya nguvu za kishetani.

(b) Madhabahu za Kifamilia Zinaathari kwa Maisha Yetu ya Kimwili

Madhabahu za kifamilia siyo tu kuhusu maisha ya kiroho, bali pia zinaathari katika maisha yetu ya kimwili. Familia zinazojitolea kwa Mungu kwa kutengeneza madhabahu za kifamilia zinaweza kuona mabadiliko katika hali zao za kifedha, afya, na familia. Kila wakati familia inapotenga muda kwa Mungu kupitia madhabahu, inapata mabadiliko ya kiroho na kimwili.

- **Malaki 3:10:** *"Leteni zaka kamili nyumbani mwa hazina, ili kuwa na chakula nyumbani mwangu..."*
  Hii inaonyesha jinsi familia zinazojitolea kwa Mungu na kumtumikia kupitia madhabahu za kifamilia zinaweza kupata baraka za kimungu ambazo zinajumuisha ufanisi na ustawi katika nyanja zote za maisha.

(c) Madhabahu za Kifamilia Zinaunganisha Familia kwa Ummoja

Madhabahu za kifamilia hufanya familia kuwa na umoja wa kiroho. Familia inayoshirikiana kwa maombi na ibada ina nguvu zaidi ya kiroho, na huzalisha matunda ya amani, furaha, na upendo. Umoja wa familia kupitia madhabahu za kifamilia ni moja ya faida kuu za kuwa na madhabahu za kimungu katika nyumba yako.

- **Zaburi 133:1:** *"Tazama, ni vema na kupendeza kabisa ndugu kuishi pamoja kwa umoja!"*
  Madhabahu za kifamilia zinasaidia kudumisha umoja na kuleta amani kwa familia.

---

3. Madhabahu za Kifamilia: Athari Zinazoweza Kuwa Nazo katika Maisha Yetu ya Kila Siku

(a) Madhabahu za Kifamilia Zinatoa Ushindi wa Kiroho

Familia zinazojenga madhabahu za kifamilia na kumtukuza Mungu kwa maombi na dhabihu zinaweza kushinda vita vya kiroho dhidi ya nguvu za giza. Madhabahu za kifamilia ni sehemu ya kutafuta uongozi wa Mungu na kupata nguvu za kushinda mapingamizi ya kiroho.

- **2 Wakorintho 10:4-5:** *"Kwa maana silaha za vita vyetu si za mwili, bali zina uwezo katika*

Mungu hata kuangusha ngome; na kuteka kila fikira ipitayo katika kumtii Kristo..."

- Madhabahu za kifamilia zinatoa silaha za kiroho ambazo zinawasaidia watu kuvunja ngome za kishetani na kushinda vita vya kiroho.

(b) Madhabahu za Kifamilia Zinaathiri Vizazi Vijavyo

Madhabahu za kifamilia sio tu kwa ajili ya familia ya sasa, bali pia zinaathari kwa vizazi vijavyo. Familia zinazojitolea kwa Mungu kwa kujenga madhabahu za kimungu zitashuhudia baraka kwa vizazi vyao vijavyo. Madhabahu za kifamilia zina uwezo wa kushikilia vizazi kwa upendo na baraka za kimungu.

- **Kutoka 20:5-6:** *"Nawapatiliza wana maovu ya baba zao hata kizazi cha tatu na cha nne cha wanichukiao; na kutenda rehema kwa maelfu ya watu wanaonipenda na kushika amri zangu."*
- Madhabahu za kifamilia zinaweza kuwa chanzo cha baraka kwa vizazi vyote vya familia.

(c) Madhabahu za Kifamilia Zinasaidia Kuleta Mabadiliko ya Kiroho na Kimwili

Kila wakati familia inapotenga muda kwa Mungu kupitia madhabahu za kifamilia, inapata mabadiliko ya kiroho na kimwili. Mabadiliko haya yanatokea kwa njia ya baraka za kifedha, uponyaji, ulinzi, na ushindi wa kiroho.

- **Filipi 4:19:** *"Na Mungu wangu atakidhi kila haja yenu kwa utajiri wake katika utukufu kwa Kristo Yesu."*

Madhabahu za kifamilia zina uwezo wa kutimiza mahitaji ya familia na kuhakikisha kuwa kila familia inapata baraka za kiroho na kimwili.

Madhabahu za kifamilia ni sehemu muhimu ya kiroho zinazoweza kubadili hali ya kiroho na kimwili ya familia. Kwa kujenga madhabahu za kimungu katika familia, familia zinapata baraka, ulinzi, na ushindi wa kiroho. Madhabahu za kifamilia siyo tu sehemu za ibada, bali ni sehemu za kumtukuza Mungu na kutangaza mamlaka yake juu ya familia. Familia zinazojitolea kwa Mungu kwa imani na kudumisha madhabahu za kimungu katika nyumba zao zitapata faida nyingi, ikiwa ni pamoja na baraka, umoja, na ushindi wa kiroho.

Katika sura inayofuata, tutaangazia jinsi ya kuvunja madhabahu zisizo za kimungu na kurejesha madhabahu za kimungu katika familia zetu.

Mifumo ya Madhabahu za Kifamilia Katika Maisha Yetu

Mifumo Mizuri na Mibaya ya Madhabahu za Kifamilia na Jinsi ya Kuwavunja

Madhabahu za kifamilia zina nguvu kubwa ya kiroho na zinaathiri maisha yetu ya kila siku. Familia zinazojitolea kwa Mungu kupitia madhabahu za kimungu zinaweza kuona baraka na mafanikio, wakati familia zinazoshikilia madhabahu za kishetani zinaweza kukutana na vizuizi, laana, na majaribu. Madhabahu za kifamilia zinaweza kuunda mifumo ya kiroho ambayo inarithiwa kutoka kizazi kimoja hadi kingine. Katika sura hii, tutaangazia mifumo ya madhabahu za kifamilia katika maisha yetu, ikiwa ni mifumo mizuri au mibaya, na tutajadili jinsi ya kuvunja mifumo hii ili kupata uhuru wa kiroho.

1. Mifumo Mizuri ya Madhabahu za Kifamilia

(a) Mifumo ya Kuomba Pamoja

Madhabahu za kifamilia zinazojengwa kwa imani zinaweza kuwa chanzo cha nguvu kubwa ya kiroho kwa familia. Familia zinazokusanyika kwa pamoja kwa ajili ya maombi, ibada, na kujitolea kwa Mungu zinajenga mifumo mizuri ya kiroho inayothibitisha nguvu ya Mungu katika maisha yao. Mifumo hii inahusisha umoja wa familia katika kumtukuza Mungu, kusoma Neno lake, na kutafuta uso wa Mungu kwa imani.

- **Zaburi 133:1:** *"Tazama, ni vema na kupendeza kabisa ndugu kuishi pamoja kwa umoja!"* Mifumo mizuri ya madhabahu za kifamilia hufanya familia kuwa na umoja na amani, na inamleta Mungu katikati yao.

(b) Mifumo ya Baraka na Ushindi

Madhabahu za kimungu katika familia hutoa fursa ya kupata baraka za Mungu. Familia zinazoshirikiana katika maombi na ibada huleta baraka katika maeneo mbalimbali ya maisha yao, ikiwa ni pamoja na kifedha, afya, na ustawi wa kiroho. Mifumo hii ya madhabahu za kifamilia inaleta ushindi wa kiroho, ambapo familia inashinda mapingamizi na laana zinazotokana na nguvu za giza.

- **Malaki 3:10:** *"Leteni zaka kamili nyumbani mwa hazina, ili kuwa na chakula nyumbani mwangu..."*
Madhabahu za kifamilia zinazoshikilia ibada ya kweli zinaleta baraka na mafanikio katika maisha ya familia.

(c) Mifumo ya Upendo na Umoja wa Familia

Madhabahu za kifamilia zinazojengwa kwa lengo la kumtukuza Mungu huleta umoja na upendo wa familia. Familia zinazomcha Mungu na kushirikiana katika maombi ya familia zinajenga mifumo ya kiroho ya upendo na mshikamano, ambapo kila mmoja anasaidiwa na familia katika kutembea katika mapenzi ya Mungu.

- **Waefeso 4:2-3:** *"Mkiwa na unyenyekevu, na upole, na uvumilivu; mkiwa na subira mkiwaonea wengine upendo... ili kudumisha umoja wa Roho kwa kifungo cha amani."*
- Madhabahu za kifamilia zinazoshikilia upendo wa Mungu hufanya familia kuwa na umoja na amani.

2. Mifumo Mibaya ya Madhabahu za Kifamilia

(a) Mifumo ya Laana na Vizuizi

Madhabahu za kishetani katika familia zinaweza kuanzisha mifumo ya laana na vizuizi katika maisha ya waamini. Familia zinazoshikilia madhabahu za kishetani kwa njia ya ibada za sanamu, uchawi, au maagano ya kishetani huweza kuingia katika mzunguko wa laana ambazo zinaathiri kila kipengele cha maisha yao. Mifumo hii inaathiri kizazi hadi kizazi, na familia inakuwa huru kutoka kwa laana hizi kwa kupitia imani na toba.

- **Kutoka 34:7:** *"Nawapatiliza wana maovu ya baba zao hata kizazi cha tatu na cha nne..."* Madhabahu za kishetani zinaweza kuleta mifumo mibaya ya kiroho ambayo inaendelea katika vizazi, ikiwa ni laana na vizuizi.

(b) Mifumo ya Migogoro na Migawanyiko

Madhabahu za kishetani pia huweza kusababisha mifumo ya migogoro, migawanyiko, na vita katika familia. Familia zinazoshikilia madhabahu hizi zinakutana na ugumu wa kifedha, magonjwa, na migawanyiko ya kihisia. Mifumo hii inazuia amani na furaha katika familia, na watu wanashindwa kutembea kwa umoja na mapenzi ya Mungu.

- **Yakobo 4:1-2:** *"Mizogo yenu inatoka wapi? Je, siyo kutoka kwa tamaa zenu zinazojaa mwilini mwenu?"*
Madhabahu za kishetani zinapohusika, familia zinakutana na vita vya kiroho vinavyosababisha migogoro na migawanyiko.

(c) Mifumo ya Utumwa wa Kiroho

Madhabahu za kishetani pia huweza kuwa chanzo cha utumwa wa kiroho. Familia inayoshikilia madhabahu za kishetani inakuwa imefungwa katika minyororo ya kishetani, na watu wanakuwa na utumwa wa kiroho. Hii inakuwa kikwazo cha kufika kwa kiwango cha kiroho cha juu, na familia inashindwa kupata mabadiliko ya kiroho na kimwili.

- **Waefeso 2:2:** *"Katika wakati ule mlikuwa mfuasi wa mzee wa ulimwengu huu, yaani roho ile inayofanya kazi sasa kwa wana wa kumkana Kristo."* Madhabahu za kishetani zinachochea roho za uovu na zinachukua familia katika utumwa wa kiroho, na kwa hiyo familia inashindwa kutembea katika uhuru wa Kristo.

3. Jinsi ya Kuvunja Mifumo Hii

(a) Maombi ya Toba na Kujitolea

Hatua ya kwanza katika kuvunja mifumo ya madhabahu za kifamilia ni kufanya toba kwa dhambi za familia. Familia inapaswa kuomba kwa dhati, kutubu, na kujitolea kwa Mungu ili kuvunja laana na vizuizi vyote vilivyokuwa vinatokana na madhabahu za kishetani. Maombi ya toba ni njia ya kuleta mabadiliko ya kiroho katika familia.

- **1 Yohana 1:9:** *"Tukiziungama dhambi zetu, yeye ni mwaminifu na wa haki hata atuondolee dhambi zetu..."*
- Kwa toba ya kweli, madhabahu za kishetani zinaweza kuvunjwa na familia itapata uhuru wa kiroho.

(b) Kuinua Madhabahu za Kimungu

Badala ya madhabahu za kishetani, familia inapaswa kujenga madhabahu za kimungu kwa maombi ya familia na ibada. Madhabahu za kimungu ni sehemu za kutafuta uso wa Mungu, kumtukuza, na kutangaza mamlaka ya Mungu juu ya familia. Hii inaleta baraka, ulinzi, na ushindi wa kiroho.

- **Yeremia 29:13:** *"Nanyi mnitafuta, mtaniona; mtaniomba kwa moyo wenu wote."* Kujenga madhabahu za kimungu ni njia ya kuvunja mifumo ya kiroho ya kishetani na kuanzisha mfumo wa baraka katika familia.

(c) Kuishi kwa Msingi wa Neno la Mungu

Familia inapaswa kuishi kwa msingi wa Neno la Mungu, kwa kumtumikia Mungu na kumtii kila siku. Kuishi kwa Neno la Mungu ni njia ya kuanzisha mifumo mizuri ya kiroho ambayo inaleta baraka, amani, na ushindi wa kiroho.

- **Mathayo 7:24:** *"Basi kila asikilizaye maneno yangu, na kuyatenda, atafananishwa na mtu mwenye hekima, aliyemjengea nyumba yake juu ya mwamba."*

Kuishi kwa Neno la Mungu ni hatua muhimu ya kujenga mifumo mizuri ya madhabahu za kifamilia.

Madhabahu za kifamilia zina athari kubwa katika maisha yetu ya kila siku. Familia inayoshikilia madhabahu za kimungu itapata baraka, ulinzi, na ushindi wa kiroho. Hata hivyo, familia zinazoshikilia madhabahu za kishetani zinakutana na mifumo mibaya ya kiroho ambayo inazuia baraka na mafanikio. Kwa maombi ya toba, kujitolea kwa Mungu, na kuishi kwa Neno la Mungu, tunaweza kuvunja mifumo ya madhabahu zisizo za kimungu na kujenga madhabahu za kimungu ambazo zitatusaidia kupata uhuru wa kiroho na baraka katika familia zetu.

SEHEMU YA 02

KUELEWA MADHABAHU ZA KIFAMILIA

Maana ya Madhabahu za Kifamilia

Madhabahu ya kifamilia ni jukwaa la kiroho linalotumika kama sehemu ya mawasiliano kati ya ulimwengu wa kimwili na ule wa kiroho. Madhabahu haya yanaweza kuwa ya kimungu, ambako familia huabudu na kumheshimu Mungu, au yasiyo ya kimungu, ambako ibada za sanamu, dhambi, au vitendo vya ushirikina vinatawala. Madhabahu hizi zina athari kubwa juu ya mwelekeo wa kiroho na kimwili wa familia, kwa kizazi kimoja hadi kingine.

Madhabahu za Kimungu

Madhabahu za kimungu ni sehemu ya mawasiliano kati ya mwanadamu na Mungu, ambapo familia huunganika pamoja kwa ibada, maombi, na kumtolea Mungu heshima. Mifano ya kibiblia ya madhabahu za kimungu inapatikana katika maisha ya watakatifu wa Agano la Kale:

- **Ibrahim:** Ibrahim alijenga madhabahu mara kadhaa kama ishara ya shukrani na kujitolea kwa Mungu. Katika **Mwanzo 12:7**, tunasoma: *"Bwana akamtokea Abramu, akasema, Uzao wako nitawapa nchi hii. Naye huko akamjengea Bwana madhabahu aliyemtokea."* Madhabahu hii iliwakilisha uhusiano wake wa kiroho na Mungu na kujitolea kwake kumtii.
- **Yakobo:** Yakobo alijenga madhabahu wakati alipopata maono ya Mungu kule Betheli. **Mwanzo 28:18-19** inasema: *"Yakobo akaamka asubuhi na mapema, akalitwaa lile jiwe alilokuwa amelilalia kichwani pake, akalisimamisha kama nguzo, akalimimina mafuta juu yake. Akapaita mahali pale Betheli..."* Madhabahu hii ilikuwa hatua ya kuimarisha agano lake na Mungu.

Madhabahu hizi zilikuwa mahali pa baraka, mawasiliano ya kiroho, na uthibitisho wa ahadi za Mungu kwa watu wake.

Madhabahu Zisizo za Kimungu

Kinyume chake, madhabahu zisizo za kimungu ni sehemu ambako nguvu za giza, ibada za sanamu, na maovu mengine hufanyika. Madhabahu hizi huchochea dhambi, huzalisha minyororo ya kiroho, na kuathiri familia kwa vizazi vingi. Biblia inatoa mifano ya madhabahu yasiyo ya kimungu:

- **Mfalme Ahabu na Yezebeli:** Wakiwa wafalme wa Israeli, waliasisi ibada ya Baali, wakijenga madhabahu kwa ajili ya sanamu hii. **1 Wafalme 16:32** inasema: *"Akamsimamishia Baali madhabahu ndani ya nyumba ya Baali, aliyoijenga huko Samaria."* Madhabahu hii ilisababisha Israeli kuingia dhambini na kufuata njia za giza.

- **Yeroboamu:** Alijenga madhabahu katika Dan na Betheli ili kuzuia Waisraeli kwenda Yerusalemu kwa ibada. **1 Wafalme 12:28-30** inasema: *"Kwa hiyo mfalme akafanya ndama wawili wa dhahabu, akawaambia, Ni vigumu kwenu kwenda Yerusalemu. Tazama, miungu yako, Israeli, iliyokutoa katika nchi ya Misri. Akaiweka moja Betheli, na nyingine akaweka Dani."*

Athari za Madhabahu za Kifamilia

1. **Baraka au Laana:** Madhabahu za kimungu huleta baraka, amani, na ulinzi wa kiroho, wakati madhabahu yasiyo ya kimungu huleta maafa, laana, na minyororo ya kiroho.
2. **Ushawishi wa Kizazi:** Madhabahu yanaweza kuwa na athari za kizazi kwa familia nzima. **Kutoka 20:5** inasema: *"Mimi Bwana, Mungu wako, ni Mungu mwenye wivu, nawapatiliza wana maovu ya baba zao hata kizazi cha tatu na cha nne cha wanichukiao."*

Maoni ya Kibiblia na Ufafanuzi

Madhabahu za kifamilia ni suala linalohitaji ufahamu wa kina wa maandiko na nguvu za Kristo. Yesu Kristo ametupa nguvu za kuvunja madhabahu zisizo za kimungu. **2 Wakorintho 10:4-5** inasema: *"Maana silaha za vita vyetu si za mwili, bali zina uwezo katika Mungu hata kuangusha ngome; tukiangusha mawazo, na kila kitu kilichoinuka, kijiinuacho juu ya elimu ya Mungu..."*

Katika sura hii, tumejifunza maana ya madhabahu za kifamilia na jinsi yanavyoathiri maisha ya watu. Madhabahu ni sehemu ya kiroho yenye nguvu, iwe kwa mema au mabaya. Ni jukumu letu kama Wakristo kuhakikisha kwamba familia zetu zinajenga madhabahu za kimungu zinazotegemea imani katika Yesu Kristo. **Katika sura zinazofuata, tutaeleza jinsi ya kuvunja madhabahu zisizo za kimungu na kujenga madhabahu za kumheshimu Mungu.**

Nguvu na Kusudi la Madhabahu

Madhabahu ni mahali pa dhabihu, ibada, na maagano. Katika Biblia, madhabahu yalikuwa na nafasi kubwa katika maisha ya kiroho ya watu wa Mungu. Madhabahu haya yalitumika kwa ajili ya:

1. Kutoa Dhabihu kwa Mungu

Madhabahu yalikuwa mahali ambapo watu walimtolea Mungu dhabihu kama ishara ya toba, shukrani, au agano. Mfano wa kwanza wa madhabahu katika Biblia ni ule wa Nuhu baada ya gharika:

- **Mwanzo 8:20** inasema: *"Nuhu akamjengea Bwana madhabahu; akatwaa katika wanyama walio safi, na katika ndege walio safi, akatoa sadaka za kuteketezwa juu ya madhabahu."*
- Dhabihu hii ilikuwa ishara ya shukrani na ibada kwa Mungu, na Bwana alifurahishwa nayo, akatoa ahadi ya kutokuharibu dunia tena kwa gharika.

2. Mahali pa Ibada

Madhabahu yalitumika kama sehemu ya ibada ya Mungu, ambapo watu walikuja kusifu, kuomba, na kumtukuza Mungu. Katika **Kutoka 20:24**, Mungu aliagiza Waisraeli kujenga madhabahu kwa ajili ya ibada:

- *"Utanifanyia madhabahu ya udongo, nawe utatoa sadaka zako za kuteketezwa juu yake, na sadaka zako za amani, kondoo zako, na ng'ombe zako; kila mahali nitakapokumbuka jina langu, nitakujia na kukubariki."*

Hii inaonyesha kuwa madhabahu yalikuwa kiini cha ibada safi kwa Mungu.

3. Mahali pa Agano

Madhabahu yalikuwa sehemu ambapo maagano kati ya Mungu na wanadamu yalitiwa muhuri. Mfano wa hili ni Ibrahim, ambaye mara kwa mara alijenga madhabahu kuthibitisha agano lake na Mungu:

- **Mwanzo 12:7** inasema: *"Bwana akamtokea Abramu, akasema, Uzao wako nitawapa nchi hii. Naye huko akamjengea Bwana madhabahu aliyemtokea."*

Ibrahim alitumia madhabahu kama alama ya imani yake na utii kwa Mungu, na madhabahu haya yakawa sehemu ya kukumbuka ahadi za Mungu.

4. Kuvunja Nguvu za Adui

Madhabahu pia yalitumika kuvunja nguvu za kipepo na ngome za giza. Mfano mmoja ni Gideoni, ambaye aliamriwa na Mungu kubomoa madhabahu ya sanamu ya Baali na kujenga madhabahu ya Mungu badala yake:

- **Waamuzi 6:25-26** inasema: *"Usiku huo Bwana akamwambia, Twaa ng'ombe wa baba yako, yaani ng'ombe wa pili, aliye wa miaka saba, ukaiangushe madhabahu ya Baali, aliyo nayo baba yako, ukikate na Ashera ile iliyo karibu nayo; ukamjenge Bwana, Mungu wako, madhabahu juu ya ngome hii, kwa taratibu zake."*

Tendo hili la Gideoni lilileta mabadiliko makubwa ya kiroho na ushindi wa Mungu juu ya sanamu.

5. Mahali pa Kukutana na Mungu

Madhabahu yalikuwa mahali ambapo watu walikutana na Mungu kwa njia ya kipekee. Mfano mmoja ni Yakobo kule Betheli alipoota ndoto ya ngazi iliyofika mbinguni:

- **Mwanzo 28:18-19** inasema: *"Yakobo akaamka asubuhi na mapema, akalitwaa lile jiwe alilokuwa amelilalia kichwani pake, akalisimamisha kama nguzo, akalimimina mafuta juu yake. Akapaita mahali pale Betheli..."*

Betheli ikawa mahali pa kumbukumbu ya agano na mawasiliano ya kiroho na Mungu.

Nguvu ya Madhabahu

Madhabahu yana nguvu ya kiroho ambayo inaweza kuathiri maisha ya watu kwa kizazi baada ya kizazi. Nguvu hii inaweza kuwa ya baraka au laana, kulingana na aina ya madhabahu. Madhabahu za kimungu huleta baraka, ulinzi wa kiroho, na ushirika na Mungu, ilhali madhabahu zisizo za kimungu huleta giza, laana, na kushikilia familia katika minyororo ya kipepo.

Kusudi la Madhabahu

1. **Kumkaribia Mungu:** Madhabahu ni mahali pa kuimarisha uhusiano na Mungu kupitia maombi na ibada.
2. **Kutoa Shukrani:** Madhabahu hutumika kumshukuru Mungu kwa baraka na uaminifu wake.
3. **Kupigana Vita vya Kiroho:** Madhabahu ni mahali pa kushinda nguvu za giza na kuzivunja kupitia nguvu za Kristo.

Katika Biblia, madhabahu yalikuwa sehemu kuu ya maisha ya kiroho, yakihusiana na dhabihu, ibada, maagano, na ushindi wa kiroho. Leo, madhabahu ya kifamilia yanaweza kujengwa kupitia maombi ya pamoja, usomaji wa Neno la Mungu, na kujitolea kwa Kristo. Kama Wakristo, tunaitwa kujenga madhabahu za kiroho zinazomheshimu Mungu, na kuvunja madhabahu zisizo za kimungu kwa jina la Yesu Kristo. **Katika sura inayofuata, tutaangazia jinsi ya kutambua na kuvunja madhabahu zisizo za kimungu.**

Kuweka Maagano

Maagano ni makubaliano ya kipekee kati ya Mungu na mwanadamu, yaliyojaa ahadi, baraka, na wajibu wa pande zote mbili. Katika Biblia, maagano mara nyingi yaliwekwa kupitia madhabahu kama ishara ya kuimarisha uhusiano kati ya Mungu na watu wake. Mojawapo ya mifano muhimu ni agano ambalo Mungu alifanya na Abramu katika **Mwanzo 12:7**:

"Bwana akamtokea Abramu, akasema, Uzao wako nitawapa nchi hii. Naye huko akamjengea Bwana madhabahu aliyemtokea."

Katika sura hii, tutaangazia maana ya maagano, umuhimu wake katika maisha ya kiroho, na jinsi ya kuyafahamu kupitia maandiko ya kina na msaada wa *Exhaustive Concordance*.

---

1. Maana ya Agano

Neno "agano" linatokana na neno la Kiebrania *berith* ambalo lina maana ya makubaliano rasmi kati ya pande mbili. Katika muktadha wa Biblia, agano ni makubaliano ya kiroho ambapo Mungu huahidi baraka na ulinzi, huku mwanadamu akiwa na wajibu wa kumtii na kumheshimu Mungu.

2. Maagano Makuu Katika Biblia

Biblia inarekodi maagano mbalimbali ambayo yanahusiana na madhabahu:

- **Agano na Nuhu:** Katika **Mwanzo 9:8-17**, Mungu alifanya agano na Nuhu baada ya gharika, akiahidi kuwa hatakujaangamiza tena dunia kwa maji. Ishara ya agano hili ilikuwa upinde wa mvua.
- **Agano na Abramu:** Mungu aliahidi kumpa Abramu nchi ya Kanaani na kufanya uzao wake kuwa mkubwa kama nyota za mbinguni (**Mwanzo 12:1-3**, **Mwanzo 15:1-6**). Abramu alijenga madhabahu kuthibitisha agano hili.
- **Agano na Israeli:** Katika **Kutoka 24:7-8**, Musa alisoma sheria za Mungu kwa Waisraeli na kufunga agano kati ya Mungu na taifa kwa damu ya dhabihu.

---

3. Maagano na Madhabahu

Madhabahu yalikuwa sehemu muhimu ya kuweka na kuthibitisha maagano:

- **Madhabahu ya Abramu:** Abramu alijenga madhabahu mara kadhaa ili kuthibitisha maagano na Mungu. Katika **Mwanzo 12:7**, baada ya Mungu kumpa ahadi ya nchi ya Kanaani, Abramu alijenga madhabahu kama ishara ya imani yake na kujitolea kwake kwa Mungu.

- Neno "kujenga" linatokana na Kiebrania *banah*, linaloashiria kuimarisha, kuanzisha, au kuweka kitu cha kudumu. Madhabahu ya Abramu haikuwa tu ishara ya kimwili bali pia mahali pa mawasiliano ya kiroho kati yake na Mungu.
- "Uzao wako" linatokana na neno la Kiebrania *zera*, likimaanisha kizazi kinachoendelea au baraka za siku zijazo. Hii inaonyesha kwamba agano la Mungu na Abramu lilikuwa na mwelekeo wa kizazi kwa kizazi.

---

4. Umuhimu wa Maagano

Maagano yanawakilisha uhusiano wa kipekee na Mungu, yakisisitiza:

1. **Ahadi za Mungu:** Mungu aliahidi baraka, ulinzi, na urithi kwa wale walio katika agano naye (**Kutoka 19:5-6**).
2. **Wajibu wa Mtu:** Wanadamu waliitwa kuwa waaminifu kwa Mungu, kufuata amri zake, na kuheshimu agano hilo (**Kumbukumbu la Torati 6:5**).
3. **Uimarishaji wa Imani:** Agano lililowekwa kupitia madhabahu lilikuwa ishara ya imani isiyotetereka kwa Mungu, kama ilivyoonekana katika maisha ya Abramu.

---

5. Masomo Kutoka kwa Maandiko

Kwa kutumia *Exhaustive Concordance*, tunaweza kuchambua maneno muhimu yanayohusiana na maagano:

- **Covenant (Agano):** Kiebrania *berith*, kinachopatikana mara 284 katika Agano la Kale, kinahusiana na makubaliano ya kiroho, hasa kati ya Mungu na wanadamu.
- **Altar (Madhabahu):** Kiebrania *mizbeach*, ikimaanisha mahali pa dhabihu na mawasiliano na Mungu. Inatajwa mara 396 katika Biblia.

- **Blessing (Baraka):** Kiebrania *barak*, ambalo lina maana ya neema na wema wa Mungu, hasa unaotokana na uhusiano wa agano.

---

6. Jinsi ya Kuimarisha Agano la Kisasa

Kama Wakristo, maagano yetu na Mungu yanathibitishwa kupitia Yesu Kristo. **Waebrania 9:15** inasema:
"Na kwa sababu hiyo yeye ndiye mjumbe wa agano jipya, ili kwa njia ya mauti yake, wale walioitwa wapate ahadi ya urithi wa milele, kwa kuwa kifo chake kilikuwa kikombozi kwa makosa yaliyotendwa chini ya agano la kwanza." Yesu ndiye msingi wa agano jipya, na dhabihu yake msalabani ni madhabahu kuu ambayo hutuweka huru na kutufanya washirika wa agano na Mungu.

Maagano ni kiini cha mpango wa Mungu wa ukombozi. Kupitia madhabahu, Mungu alijidhihirisha kwa wanadamu, akatoa baraka, na kuimarisha imani yao. Kama ilivyokuwa kwa Abramu katika **Mwanzo 12:7**, madhabahu ni alama ya kujitolea, ibada, na uhusiano wa karibu na Mungu.

Katika sura inayofuata, tutaangazia jinsi ya kutumia maagano na nguvu za madhabahu ili kuvunja minyororo ya giza na kuleta uhuru wa kiroho kwa familia zetu.

Kutafuta Msaada wa Kiungu

(1 Wafalme 18:30-39)

Utangulizi

Kutafuta msaada wa kiungu ni hatua ya kuonyesha imani na kumtegemea Mungu pekee katika nyakati za changamoto. Katika **1 Wafalme 18:30-39**, tunapata hadithi ya Eliya, nabii wa Mungu, ambaye alisimama dhidi ya manabii wa uongo wa Baali na kuthibitisha kwamba Yehova ndiye

Mungu wa kweli. Hadithi hii inatufundisha umuhimu wa kumtegemea Mungu kikamilifu, hasa kupitia maombi, toba, na ujenzi wa madhabahu za kiroho.

Katika sura hii, tutaangazia jinsi Eliya alivyotafuta msaada wa kiungu na jinsi kila hatua aliyochukua inavyohusiana na maisha yetu ya kiroho leo. Tutatumia pia *Exhaustive Concordance* kuchambua maneno muhimu ya kifungu hiki.

---

1. Kujenga Upya Madhabahu

Kisa kinaanza na Eliya akijenga upya madhabahu ya Bwana iliyokuwa imevunjwa:

- **1 Wafalme 18:30**: *"Eliya akawaambia watu wote, Karibieni mnifuate. Watu wote wakamkaribia. Akaitengeneza madhabahu ya Bwana iliyokuwa imebomolewa."*

Madhabahu ilikuwa imeachwa na Waisraeli, waliogeukia ibada za Baali. Eliya alitengeneza upya madhabahu ili kurudisha uhusiano kati ya Mungu na watu wake.

Ufafanuzi wa Kibiblia

- Neno "madhabahu" linatokana na Kiebrania *mizbeach*, ambalo lina maana ya mahali pa dhabihu na ibada.
- "Kutengeneza" linatokana na Kiebrania *rapha*, likimaanisha kurejesha, kuponya, au kuimarisha. Hii inaonyesha kuwa Eliya alikuwa analenga si tu ujenzi wa kimwili bali pia uponyaji wa kiroho wa Waisraeli.

Somo:

Kama Wakristo, tunapaswa kujenga upya madhabahu za kiroho katika maisha yetu kupitia maombi, ibada, na kutubu dhambi. **2 Mambo ya Nyakati 7:14** inasema: *"Ikiwa watu wangu, walioitwa kwa jina langu, watanyenyekea, na kuomba, na kunitafuta uso wangu, na kuziacha njia zao* *mbaya; ndipo nitawasikia kutoka mbinguni, na kuwasamehe dhambi yao, na kuiponya nchi yao."*

---

2. Kuweka Mambo Sawa

Eliya alitengeneza madhabahu kwa kutumia mawe kumi na mawili, yanayowakilisha makabila ya Israeli:

- **1 Wafalme 18:31-32**: *"Akatwaa mawe kumi na mawili, kama hesabu ya kabila za wana wa Yakobo, ambaye neno la Bwana lilimjia, akisema, Israeli atakuwa jina lako."*

Hii ilionyesha kwamba Mungu alikuwa bado ana agano na Israeli licha ya dhambi zao. Eliya alikumbusha watu asili yao na wito wao kama taifa la Mungu.

Ufafanuzi wa Kibiblia

- "Mawe kumi na mawili" yanahusiana na kabila za Israeli na yanaonyesha umoja na ahadi za Mungu.
- Neno "agano" linatokana na Kiebrania *berith*, likimaanisha makubaliano ya kiroho kati ya Mungu na watu wake.

Somo:

Kabla ya kutafuta msaada wa kiungu, ni muhimu kuweka mambo sawa katika maisha yetu ya kiroho. Tunapaswa kukumbuka wito wetu wa kuwa watakatifu na kuwa waaminifu kwa Mungu.

---

3. Kutafuta Moto wa Mungu

Baada ya kujenga madhabahu, Eliya aliomba kwa bidii ili Mungu ajidhihirishe kwa moto:

- **1 Wafalme 18:36-37**: *"Ikawa wakati wa kutoa dhabihu ya jioni, Eliya nabii akakaribia, akasema, Ee Bwana, Mungu wa Ibrahimu, wa Isaka, na wa Israeli, na ijulikane leo ya kuwa wewe ndiwe Mungu katika Israeli, na ya kuwa mimi ni mtumishi wako, na ya kuwa nimefanya mambo haya yote kwa neno lako."*

Maombi ya Eliya yalikuwa mafupi lakini yenye nguvu, yakionyesha imani yake kamili kwa Mungu.

Ufafanuzi wa Kibiblia

- Neno "moto" linatokana na Kiebrania *esh*, likiwa na maana ya nguvu ya kiroho na uwepo wa Mungu.
- "Maombi" linatokana na Kiebrania *tephillah*, likimaanisha maombi ya toba, shukrani, au maombi ya kuomba msaada wa Mungu.

Somo:

Maombi yetu yanapaswa kuwa na imani thabiti. Kama ilivyoandikwa katika **Yakobo 5:16**, *"Maombi ya mwenye haki yana nguvu sana."*

---

4. Mungu Anajibu kwa Moto

Mungu alijibu maombi ya Eliya kwa kutuma moto kutoka mbinguni, ambao uliunguza dhabihu, kuni, mawe, na maji:

- **1 Wafalme 18:38**: *"Ndipo moto wa Bwana ukashuka, ukateketeza sadaka ya kuteketezwa, na kuni, na mawe, na mavumbi, ukalamba maji yaliyo katika mfereji."*

Hii ilikuwa ishara dhahiri kwamba Yehova ni Mungu wa kweli, na watu wote walitambua ukuu wake.

Ufafanuzi wa Kibiblia

- Neno "teketeza" linatokana na Kiebrania *akal*, likimaanisha kula au kuharibu kabisa. Moto wa Mungu ulikuwa ni wa utukufu na mamlaka, ukithibitisha uwepo wa Mungu kwa nguvu.

Somo:

Wakati tunapomtafuta Mungu kwa moyo wetu wote, anajibu kwa nguvu zake za ajabu. **Yeremia 33:3** inasema: *"Niite, nami nitakuitikia, nitakuonyesha mambo makubwa, magumu usiyoyajua."*

---

5. Toba ya Watu

Baada ya kuona moto wa Mungu, watu wote walianguka chini na kusema:

- **1 Wafalme 18:39**: *"Watu wote walipoona haya wakaanguka kifudifudi; wakasema, Bwana ndiye Mungu! Bwana ndiye Mungu!"*

Hii ilionyesha kwamba msaada wa kiungu huleta mabadiliko makubwa ya kiroho.

Hadithi ya Eliya katika **1 Wafalme 18:30-39** inatufundisha kwamba kutafuta msaada wa kiungu kunahitaji kujenga upya uhusiano wetu na Mungu, kuwa na imani thabiti, na kuwa tayari kutubu. Mungu ni mwaminifu kujidhihirisha kwa wale wanaomtafuta kwa moyo wao wote.

Katika sura inayofuata, tutaangazia jinsi ya kudumisha uhusiano wa karibu na Mungu kupitia maombi na ibada za kila siku.

Wakati Familia Inapojenga Madhabahu, Inaweka Msingi wa Kiroho Unaoweza Kuathiri Vizazi

Madhabahu ya kifamilia ni zaidi ya mahali pa maombi; ni msingi wa kiroho unaoweza kuathiri vizazi vingi. Familia inapojenga madhabahu, inaimarisha mawasiliano yake na Mungu na kuweka msingi wa baraka za kiroho kwa kizazi baada ya kizazi. Madhabahu inaweza kuwa ya kimungu, ikileta baraka na mwongozo wa Mungu, au isiyo ya kimungu, ikileta laana na minyororo ya kiroho.

Katika sura hii, tutachunguza umuhimu wa familia kujenga madhabahu, athari zake kwa vizazi, na jinsi Biblia inavyoelezea jukumu la msingi wa kiroho katika maisha ya familia.

---

1. Madhabahu: Msingi wa Kiroho

Familia inapojenga madhabahu, inaweka msingi wa kiroho unaoongoza maisha yao. Madhabahu huanzisha:

1. **Mahali pa Mawasiliano na Mungu:** Madhabahu ni sehemu ya maombi, maombi ya pamoja, na ibada. **Kutoka 20:24** inasema: *"Utanifanyia madhabahu ya udongo, nawe utatoa sadaka zako za kuteketezwa juu yake, na sadaka zako za amani... nitakujia na kukubariki."*
2. **Kumbukumbu ya Ahadi za Mungu:** Familia inapojenga madhabahu, inakumbuka na kuimarisha agano lake na Mungu.
3. **Baraka kwa Vizazi:** Madhabahu ya kiroho huleta baraka kwa kizazi hadi kizazi. **Zaburi 112:1-2** inasema: *"Heri mtu yule amchaye Bwana, Apendezwaye sana na maagizo yake. Wazao wake watakuwa hodari duniani; Kizazi cha wenye adili kitabarikiwa."*

---

2. Mfano wa Biblia: Abrahamu

Abrahamu alijenga madhabahu mara nyingi ili kuthibitisha uhusiano wake wa kiroho na Mungu na kuweka msingi wa kiroho kwa uzao wake.

- **Mwanzo 12:7:** *"Bwana akamtokea Abramu, akasema, Uzao wako nitawapa nchi hii. Naye huko akamjengea Bwana madhabahu aliyemtokea."* Madhabahu hii iliwakilisha imani ya Abrahamu na kujitolea kwake kwa Mungu, na athari za kiroho za tendo hili ziliendelea kwa vizazi vyake, ikiwa ni pamoja na Isaka na Yakobo.

Yakobo pia alijenga madhabahu wakati Mungu alipojidhihirisha kwake kule Betheli:

- **Mwanzo 35:7:** *"Naye akajenga madhabahu huko, akapaita mahali pale El-Betheli, maana ndipo Mungu alipojidhihirisha kwake alipokimbia mbele ya ndugu yake."*
- Madhabahu hii iliimarisha wito wa kiroho wa Yakobo na uzao wake.

---

3. Athari za Kiroho kwa Vizazi

Madhabahu za kifamilia zina nguvu ya kuathiri kizazi baada ya kizazi. Hii inaweza kuwa kwa:

1. **Baraka za Kiroho:** Familia inayoishi kwa msingi wa kiroho hutoa kizazi kilichojaa baraka. **Mithali 20:7** inasema: *"Mwenye haki huenenda katika ukamilifu wake; watoto wake wana heri baada yake."*
2. **Laana za Kiroho:** Madhabahu zisizo za kimungu zinaweza kuathiri kizazi kwa njia mbaya. **Kutoka 20:5** inasema: *"Nawapatiliza wana maovu ya baba zao hata kizazi cha tatu na cha nne cha wanichukiao."*
3. **Utamaduni wa Maombi:** Familia inayojenga utamaduni wa maombi na ibada huwarithisha watoto wake tabia za kiroho ambazo zinawasaidia kuishi maisha ya utakatifu.

---

4. Jinsi ya Kujenga Madhabahu ya Kifamilia

Familia inaweza kujenga madhabahu ya kiroho kwa hatua zifuatazo:

1. **Kuweka Muda wa Maombi:** Familia inapaswa kuweka muda maalum wa maombi ya pamoja. **Mathayo 18:20** inasema: *"Kwa kuwa walipo wawili watatu wamekusanyika kwa jina langu, nami nipo papo hapo katikati yao."*
2. **Kusoma Biblia Pamoja:** Kusoma Neno la Mungu kama familia huimarisha uhusiano wa kiroho. **Zaburi 119:105** inasema: *"Neno lako ni taa ya miguu yangu, Na mwanga wa njia yangu."*
3. **Kutubu na Kuacha Dhambi:** Madhabahu safi ni mahali ambapo familia hutubu na kuacha dhambi. **1 Yohana 1:9** inasema: *"Tukiziungama dhambi zetu, yeye ni mwaminifu na wa haki hata atuondolee dhambi zetu, na kutusafisha na udhalimu wote."*
4. **Kufundisha Watoto:** Watoto wanapaswa kufundishwa kuhusu umuhimu wa kumheshimu Mungu. **Kumbukumbu la Torati 6:6-7** inasema: *"Na maneno*

haya nikuagizayo leo yatakuwa katika moyo wako; nawe uwafundishe watoto wako kwa bidii..."

5. Changamoto na Ushindi

Ingawa kujenga madhabahu ya kiroho si rahisi kutokana na changamoto za maisha, Mungu hutoa neema ya ushindi. Familia inayoendelea kumtegemea Mungu itaona baraka zake zikidumu kwa vizazi vingi.

Wakati familia inapojenga madhabahu, inaweka msingi wa kiroho unaoweza kubeba baraka na mwongozo wa Mungu kwa vizazi vingi. Hii ni nafasi ya kudumisha agano la kiroho, kubariki kizazi, na kufungua njia ya mawasiliano na Mungu. Kama ilivyo kwa Abrahamu na Yakobo, madhabahu ya kiroho huleta ushirika wa karibu na Mungu na kurudisha familia katika mpango wa Mungu.

Katika sura inayofuata, tutaangazia jinsi ya kushinda madhabahu zisizo za kimungu na kuhakikisha familia yako inabaki kwenye msingi wa baraka za Mungu.

SEHEMU YA 03

AINA ZA MADHABAHU ZA KIFAMILIA

Madhabahu za kifamilia zinaweza kugawanywa katika makundi mawili makuu: madhabahu za kimungu na madhabahu zisizo za kimungu. Katika sura hii, tutaangazia aina ya kwanza—madhabahu za kimungu, ambazo zinajengwa kwa lengo la kumheshimu na kumtukuza Mungu. Madhabahu hizi ni msingi wa mawasiliano ya kiroho kati ya familia na Mungu na ni sehemu muhimu ya ibada na kujitolea.

Tutaangalia mifano ya kibiblia ya madhabahu za kimungu, umuhimu wake, na jinsi tunavyoweza kuzijenga leo kwa msingi wa mafundisho ya maandiko.

---

1. Madhabahu za Kimungu

Madhabahu za kimungu zinajengwa kwa lengo la kumheshimu Mungu, kuimarisha agano na Yeye, na kumtukuza kama chanzo cha baraka na mwongozo.

Madhabahu hizi zinahusiana moja kwa moja na utii na imani ya wanadamu kwa Mungu.

Mfano: Madhabahu ya Abrahamu

Madhabahu ya Abrahamu ni mojawapo ya mifano maarufu ya madhabahu za kimungu:

- **Mwanzo 12:7:** *"Bwana akamtokea Abramu, akasema, Uzao wako nitawapa nchi hii. Naye huko akamjengea Bwana madhabahu aliyemtokea."*

Madhabahu hii ilijengwa kama ishara ya imani ya Abrahamu kwa Mungu na uthibitisho wa ahadi ya Mungu kwake. Abrahamu alijitolea kikamilifu kwa Mungu kwa kumtukuza kupitia dhabihu na ibada.

Ufafanuzi wa Kibiblia

- Neno *madhabahu* linatokana na Kiebrania *mizbeach*, ambalo lina maana ya mahali pa dhabihu na ibada.
- *Abramu akamjengea madhabahu Bwana*: Hii inaonyesha kwamba Abrahamu alikuwa na uhusiano wa kipekee wa kiroho na Mungu na alikuwa tayari kumtii bila masharti.

Mfano: Yakobo na Madhabahu ya Betheli

Yakobo pia alijenga madhabahu baada ya Mungu kujidhihirisha kwake:

- **Mwanzo 35:7:** *"Naye akajenga madhabahu huko, akapaita mahali pale El-Betheli, maana ndipo Mungu alipojidhihirisha kwake alipokimbia mbele ya ndugu yake."*

Hii ilikuwa alama ya kumbukumbu ya jinsi Mungu alimlinda na kumbariki Yakobo, na ilikuwa hatua ya kuimarisha agano lake na Mungu.

Somo:

Madhabahu za kimungu zinatusaidia kutambua na kushukuru ulinzi, baraka, na ahadi za Mungu katika maisha yetu.

---

2. Umuhimu wa Madhabahu za Kimungu

Madhabahu za kimungu ni muhimu kwa sababu:

1. **Zinaimarisha Agano:** Madhabahu huimarisha agano kati ya Mungu na familia, ikithibitisha imani yao kwa Mungu.
2. **Zinaleta Baraka:** Familia zinazojenga madhabahu za kimungu hupokea baraka za Mungu kwa kizazi baada ya kizazi. **Zaburi 112:1-2** inasema: *"Heri mtu yule amchaye Bwana... Wazao wake watakuwa hodari duniani; Kizazi cha wenye adili kitabarikiwa."*
3. **Zinaunganisha Familia:** Madhabahu ni mahali pa maombi ya pamoja, ibada, na ushirika wa kiroho. **Mathayo 18:20**: *"Walipo wawili watatu wamekusanyika kwa jina langu, nami nipo hapo katikati yao."*
4. **Zinaondoa Hofu:** Kupitia madhabahu za kimungu, familia hupata nguvu na amani ya kiroho, wakijua kuwa Mungu yupo upande wao.

---

3. Jinsi ya Kujenga Madhabahu za Kimungu

Familia zinaweza kujenga madhabahu za kimungu kwa hatua zifuatazo:

1. **Kujitolea kwa Maombi:** Kuanzisha muda wa maombi ya familia kila siku.
2. **Kujifunza Biblia:** Kusoma na kutafakari Neno la Mungu pamoja kama familia. **Zaburi 119:105**: *"Neno lako ni taa ya miguu yangu, na mwanga wa njia yangu."*
3. **Kuimba Nyimbo za Sifa:** Kuanzisha ibada ya nyimbo za sifa na shukrani kwa Mungu.

4. **Kutoa Shukrani:** Kuwa na moyo wa shukrani kwa Mungu kwa baraka zake, kama ilivyokuwa kwa Nuhu:

- **Mwanzo 8:20:** *"Nuhu akamjengea Bwana madhabahu; akatwaa katika wanyama walio safi, na katika ndege walio safi, akatoa sadaka za kuteketezwa juu ya madhabahu."*

---

4. Athari za Madhabahu za Kimungu

Madhabahu za kimungu zinaweza kuathiri kizazi baada ya kizazi:

1. **Zinafundisha Vizazi:** Watoto hujifunza kuhusu umuhimu wa kumheshimu Mungu kupitia mfano wa madhabahu za familia.
2. **Zinaleta Ushindi wa Kiroho:** Familia zinazomtegemea Mungu hupata ushindi wa kiroho dhidi ya changamoto. **2 Wakorintho 10:4** inasema: *"Silaha za vita vyetu si za mwili, bali zina uwezo katika Mungu hata kuangusha ngome."*
3. **Zinaimarisha Umoja wa Familia:** Madhabahu huimarisha uhusiano wa kifamilia kupitia maombi na ushirika wa kiroho.

Madhabahu za kimungu ni sehemu muhimu ya maisha ya kiroho ya familia. Kupitia mifano ya Abrahamu, Yakobo, na Nuhu, tunajifunza kwamba kujenga madhabahu ni ishara ya imani, utii, na shukrani kwa Mungu. Madhabahu hizi huweka msingi wa baraka na agano la Mungu linaloendelea kwa vizazi vingi.

Katika sura inayofuata, tutaangazia madhabahu zisizo za kimungu na jinsi zinavyoathiri familia na kizazi chao.

Madhabahu ya Uvumba Katika Hema ya Kukutania

(Kutoka 30:1)

Utangulizi

Madhabahu ya uvumba ilikuwa sehemu muhimu ya Hema ya Kukutania, ambayo Mungu aliagiza Waisraeli kujenga wakati wa safari yao jangwani. Madhabahu hii ilikuwa mahali ambapo uvumba wa harufu nzuri ulifukizwa kila siku, ukiwakilisha maombi na sifa za watu wa Mungu zinazopaa mbinguni. Katika sura hii, tutachambua umuhimu wa madhabahu ya uvumba, maagizo ya Mungu juu ya ujenzi wake, na jinsi inavyoelezea ibada ya kiroho katika maisha ya Kikristo.

---

1. Maagizo ya Kujenga Madhabahu ya Uvumba

Mungu alitoa maagizo maalum kwa Musa kuhusu jinsi ya kujenga madhabahu ya uvumba:

- **Kutoka 30:1**: *"Nawe fanya madhabahu ya kufukizia uvumba; uitengeneze kwa mti wa mshita."*

Madhabahu hii ilijengwa kwa mti wa mshita na kufunikwa kwa dhahabu, ikiashiria utakatifu na utukufu wa Mungu. Ilikuwa na vipimo maalum, na ilitakiwa kuwekwa mbele ya pazia lililotenganisha mahali patakatifu na Patakatifu pa Patakatifu.

Ufafanuzi wa Kibiblia

- **"Mti wa mshita"**: Mti huu wa jangwani ulisimama kama ishara ya uvumilivu na uhai katika mazingira magumu, ukionyesha kwamba ibada ya Mungu inaweza kustawi hata katika hali ngumu.
- **"Dhahabu"**: Ilikuwa ni ishara ya utakatifu, utukufu, na thamani ya Mungu.

---

2. Madhumuni ya Madhabahu ya Uvumba

Madhabahu ya uvumba ilikuwa na madhumuni maalum:

1. **Kufukiza Uvumba wa Harufu Nzuri:**

- **Kutoka 30:7-8**: *"Naye Haruni atafukiza uvumba wa manukato juu yake; kila asubuhi, atakaposafisha taa, atafukiza uvumba huo. Na wakati Haruni atakapowasha taa wakati wa jioni, atafukiza uvumba huo; uvumba wa daima mbele za Bwana, kwa vizazi vyenu."*

Uvumba huu ulikuwa unafukizwa kila asubuhi na jioni, ukiwakilisha maombi ya kila siku ya watu wa Mungu yakipaa kwake.

2. **Kuweka Ushirika wa Kiroho:** Madhabahu hii ilikuwa mahali ambapo kuhani aliwakilisha Waisraeli mbele ya Mungu, akionyesha uhusiano wa karibu kati ya Mungu na watu wake.

3. **Kukumbusha Utakatifu wa Mungu:** Madhabahu ya uvumba ilikuwa mbele ya pazia lililotenganisha mahali patakatifu na Patakatifu pa Patakatifu, ikikumbusha kwamba Mungu ni mtakatifu na anastahili ibada safi.

---

3. Maombi kama Uvumba

Biblia mara nyingi inalinganisha maombi na uvumba:

- **Zaburi 141:2**: *"Maombi yangu na yapande mbele zako kama uvumba, kuinuliwa kwa mikono yangu kama dhabihu ya jioni."*
- **Ufunuo 8:3-4**: *"Malaika mwingine akaja, akasimama mbele ya madhabahu, akiwa na chetezo cha dhahabu; akapewa uvumba mwingi, ili aukaribishe pamoja na maombi ya watakatifu wote juu ya madhabahu ya dhahabu, iliyo mbele ya kiti cha enzi."*

Hii inaonyesha kwamba maombi ya watu wa Mungu ni harufu nzuri mbele zake, na huleta ushindi wa kiroho.

---

4. Uchambuzi wa Kina wa Kimaandiko kwa Msaada wa Exhaustive Concordance

Kwa kutumia *Exhaustive Concordance*, tunaweza kuchambua maneno muhimu:

- **Uvumba (Incense):** Neno la Kiebrania *qetoreth* lina maana ya uvumba wa manukato unaofukizwa kama sehemu ya ibada. Linatumiwa mara 61 katika Agano la Kale.
- **Madhabahu (Altar):** Neno la Kiebrania *mizbeach* linamaanisha mahali pa dhabihu au ibada. Linatumiwa mara 396 katika Biblia.
- **Dhahabu (Gold):** Neno la Kiebrania *zahab* linamaanisha utakatifu na thamani kubwa.

---

5. Umuhimu wa Madhabahu ya Uvumba kwa Wakristo

Madhabahu ya uvumba katika Agano la Kale ilikuwa ishara ya kile Yesu Kristo angekamilisha kupitia kazi yake ya ukombozi. Kama Wakristo, tunaweza kujifunza mambo yafuatayo:

1. **Maombi ya Kudumu:** Kama uvumba ulivyofukizwa asubuhi na jioni, Wakristo wanapaswa kudumu katika maombi. **1 Wathesalonike 5:17** inasema: *"Ombeni bila kukoma."*
2. **Utakatifu katika Ibada:** Madhabahu ya uvumba ilikuwa mahali patakatifu, ikionyesha kwamba ibada zetu zinapaswa kuwa safi na takatifu. **Warumi 12:1**: *"Itwaeni miili yenu iwe dhabihu iliyo hai, takatifu, ya kumpendeza Mungu, ndiyo ibada yenu yenye maana."*
3. **Yesu kama Kuhani Mkuu:** Kama uvumba ulivyofukizwa na kuhani, Yesu ndiye Kuhani Mkuu anayewakilisha maombi yetu mbele za Mungu. **Waebrania 7:25**: *"Kwa hiyo aweza kuwaokoa kabisa wao wamjiao Mungu kwa yeye; maana yu hai sikuzote ili awaombee."*

---

6. Changamoto na Maonyo

1. **Uvumba Usiofaa:** Mungu aliwakataza Waisraeli kufukiza uvumba usiofaa:

- **Kutoka 30:9**: *"Msifukize uvumba wa kigeni juu yake."* Hii inaonyesha kwamba Mungu hapokei maombi au ibada yoyote isiyo safi.

2. **Ubinafsi katika Maombi:** Maombi yasiyosafi, yaliyojaa ubinafsi, hayapokelewi na Mungu. **Yakobo 4:3**: *"Mwomba wala hampati, kwa sababu mwaomba vibaya, ili mvitumie kwa tamaa zenu."*

Madhabahu ya uvumba katika Hema ya Kukutania ilikuwa sehemu muhimu ya ibada ya Waisraeli, ikiwakilisha maombi ya kila siku, utakatifu, na uhusiano wa karibu na Mungu. Kama Wakristo, tunaweza kujifunza umuhimu wa maombi safi, ibada takatifu, na uthibitisho kwamba Yesu Kristo ndiye anayewakilisha maombi yetu mbele za Mungu.

Katika sura inayofuata, tutaangazia Patakatifu pa Patakatifu na jinsi madhabahu ya kifamilia inaweza kuwa kiini cha mawasiliano ya kiroho na Mungu.

Madhabahu Zisizo za Kimungu

Madhabahu zisizo za kimungu ni zile zinazojengwa kwa ajili ya ibada ya sanamu, uchawi, au vitendo vya dhambi. Madhabahu hizi zinafungua mlango kwa ushawishi wa kishetani ndani ya familia, jambo ambalo hupelekea maafa, laana, na maangamizi ya kiroho. Mungu alionya mara nyingi dhidi ya madhabahu zisizo za kimungu na aliamuru Waisraeli kuzibomoa kabisa ili wasihusike na maovu ya mataifa jirani.

- **Kutoka 34:13**: *"Bali mtazibomoa madhabahu zao, na kuzivunja nguzo zao, na kukata maashera yao."*

Katika sura hii, tutachunguza aina za madhabahu zisizo za kimungu, athari zake kwa familia, na jinsi ya kuzibomoa kupitia nguvu za Mungu.

1. Aina za Madhabahu Zisizo za Kimungu

(a) Madhabahu za Sanamu

Madhabahu hizi zinajengwa kwa lengo la kuabudu miungu ya uongo na sanamu. Biblia inaonyesha mifano kadhaa ya Waisraeli kushawishika kuabudu sanamu kupitia madhabahu zisizo za kimungu.

- **1 Wafalme 12:28-30**: Yeroboamu alijenga madhabahu katika Betheli na Dani kwa ajili ya ndama wa dhahabu, akiwashawishi watu kuacha kumwabudu Mungu wa kweli.
- **Kutoka 32:1-6**: Wakati Musa alipokawia kurudi kutoka Mlima Sinai, Waisraeli walitengeneza ndama wa dhahabu na kujenga madhabahu ili kuabudu sanamu hiyo.

(b) Madhabahu ya Uchawi

Madhabahu hizi hutumika katika vitendo vya uchawi, mizimu, na ushirikina. Vitendo hivi vinafungua milango kwa nguvu za giza kushawishi maisha ya familia.

- **1 Samweli 28:7**: Mfalme Sauli alimtafuta mwanamke wa En-Dori, mchawi, ili apate ushauri kutoka kwa mizimu. Tendo hili lilipelekea hukumu ya Mungu juu yake.

(c) Madhabahu ya Dhambi

Madhabahu za dhambi ni zile zinazotumika kuhalalisha matendo ya dhambi, kama vile uasherati na ibada za kijinsia. Wakati wa Mfalme Ahabu na Yezebeli, madhabahu za Baali zilijengwa na kutumika kwa ibada za kishetani.

- **1 Wafalme 16:32-33**: *"Akamjengea Baali madhabahu katika nyumba ya Baali, aliyoijenga huko*

Samaria. Ahabu akafanya Ashera, akaongeza kufanya mabaya zaidi ya wafalme wote wa Israeli waliomtangulia."

---

2. Athari za Madhabahu Zisizo za Kimungu

Madhabahu zisizo za kimungu zinaweza kuleta athari mbaya kwa familia:

(a) Laana za Kizazi

Madhabahu zisizo za kimungu zinaleta laana kwa kizazi baada ya kizazi.

- **Kutoka 20:5**: *"Nawapatiliza wana maovu ya baba zao hata kizazi cha tatu na cha nne cha wanichukiao."*

Familia zinazojihusisha na ibada za kishetani hupitisha laana hizi kwa watoto wao.

(b) Ushawishi wa Kishetani

Madhabahu zisizo za kimungu huvutia roho za giza, zinazoshawishi watu kuendelea katika dhambi na kukosa maelewano.

- **1 Wakorintho 10:20**: *"Lakini kwamba vitu wavitoleavyo sadaka, huwatoa kwa mashetani, wala si kwa Mungu; wala sitaki ninyi mwe wa shirika na mashetani."*

(c) Kuangamiza Maisha ya Kiroho

Madhabahu hizi huzuia ukuaji wa kiroho wa familia, na kupelekea kuanguka kwa imani yao.

---

3. Jinsi ya Kuzibomoa Madhabahu Zisizo za Kimungu

(a) Kutambua Madhabahu

Kabla ya kuzibomoa madhabahu zisizo za kimungu, ni muhimu kuzitambua. Hii inaweza kujumuisha tabia za dhambi, ibada za sanamu, au urithi wa kiroho wa familia.

(b) Kutubu na Kuacha Dhambi

Kutubu dhambi ni hatua ya kwanza ya kuvunja nguvu za madhabahu zisizo za kimungu.

- **2 Mambo ya Nyakati 7:14**: *"Ikiwa watu wangu, walioitwa kwa jina langu, watanyenyekea, na kuomba, na kunitafuta uso wangu, na kuziacha njia zao mbaya; ndipo nitawasikia kutoka mbinguni, na kuwasamehe dhambi yao, na kuiponya nchi yao."*

(c) Kutumia Nguvu za Yesu Kristo

Yesu Kristo ametupa mamlaka ya kushinda nguvu za kishetani na kuzibomoa madhabahu zisizo za kimungu.

- **2 Wakorintho 10:4-5**: *"Maana silaha za vita vyetu si za mwili, bali zina uwezo katika Mungu hata kuangusha ngome."*

(d) Kujenga Madhabahu za Kimungu

Baada ya kuzibomoa madhabahu zisizo za kimungu, familia inapaswa kujenga madhabahu safi kwa Mungu kwa maombi na ibada.

---

4. Uchambuzi wa Kina wa Kimaandiko kwa Msaada wa Exhaustive Concordance

- **Madhabahu (Altar):** Neno la Kiebrania *mizbeach* linamaanisha mahali pa dhabihu au ibada. Linatumiwa mara 396 katika Biblia.
- **Sanamu (Idols):** Neno la Kiebrania *elilim* linamaanisha vitu visivyo na uhai vinavyoabudiwa kama miungu ya uongo.
- **Uchawi (Witchcraft):** Neno la Kiebrania *kesheph* linahusiana na mazoea ya kipepo au ya mizimu.

Madhabahu zisizo za kimungu ni chanzo cha laana na maangamizi kwa familia. Mungu anatuonya kuzibomoa madhabahu hizi na kuepuka kushiriki katika ibada za sanamu, uchawi, na dhambi. Kwa msaada wa Yesu Kristo, tunaweza kuvunja nguvu za madhabahu zisizo za kimungu na kujenga upya madhabahu safi zinazomheshimu Mungu.

Katika sura inayofuata, tutaangazia jinsi ya kujenga na kudumisha madhabahu za kimungu kwa vizazi vyetu.

SEHEMU YA 04

JINSI MADHABAHU ZA KIFAMILIA ZINAVYOUNDWA

Madhabahu za kifamilia zinaweza kuanzishwa kwa mazoea ya kizazi kwa kizazi. Mara nyingi, madhabahu hizi huanzishwa kupitia ibada za sanamu, ushirikina, au vitendo vya kiroho visivyompendeza Mungu. Matendo haya yanaweza kuanzisha mwelekeo wa kiroho ambao huathiri kizazi baada ya kizazi, kwa njia ya baraka au laana. Katika sura hii, tutachunguza jinsi madhabahu hizi zinavyoundwa kupitia tabia za kizazi, athari zake, na jinsi ya kushughulika nazo kwa mwanga wa maandiko.

---

1. Mazoea ya Kizazi: Ibada za Sanamu

Ibada za sanamu ni mojawapo ya njia kuu ambazo madhabahu zisizo za kimungu zinaanzishwa. Wakati familia inapoanza kuabudu vitu visivyokuwa Mungu, huanzisha msingi wa kiroho unaoathiri vizazi vijavyo.

- **Kutoka 20:3-5:** *"Usiwe na miungu mingine ila mimi. Usijifanyie sanamu ya kuchonga, wala mfano wa kitu chochote kilicho juu mbinguni, wala kilicho chini duniani... Usivisujudie wala kuvitumikia; kwa kuwa mimi Bwana, Mungu wako, ni Mungu mwenye wivu, nawapatiliza wana maovu ya baba zao..."*

  Mfano wa Kibiblia: Yeroboamu

Yeroboamu alianzisha ibada ya sanamu kwa kuunda ndama wa dhahabu na kuhimiza Waisraeli kuabudu badala ya kwenda Yerusalemu kwa ibada.

- **1 Wafalme 12:28-30:** *"Kwa hiyo mfalme akafanya ndama wawili wa dhahabu, akawaambia, Ni vigumu kwenu kwenda Yerusalemu. Tazama, miungu yako, Israeli, iliyokutoa katika nchi ya Misri. Akaiweka moja Betheli, na nyingine akaweka Dani."* Ibada hii ya sanamu iliweka madhabahu ya kishetani ambayo iliharibu kiroho kizazi cha Waisraeli.

---

2. Mazoea ya Kizazi: Ushirikina na Mazoea ya Kiuchawi

Mazoea ya uchawi, ushirikina, na matambiko ya giza ni njia nyingine ambazo madhabahu za kishetani zinajengwa. Familia zinazoshiriki katika uchawi huanzisha minyororo ya kiroho inayozuia baraka za Mungu.

- **Kumbukumbu la Torati 18:10-12:** *"Asionekane kwenu mtu ampitishaye mwanawe au binti yake kati ya moto, wala atazamaye bao, wala mtabiri, wala mwenye kubashiri, wala mchawi, wala mwenye kufunga uroho, wala aombaye wafu; kwa maana mtu atendaye hayo ni chukizo kwa Bwana."*

Mfano wa Kibiblia: Sauli

Mfalme Sauli, baada ya kukosa utii kwa Mungu, alitafuta msaada wa mchawi wa En-Dori. Tendo hili lilimletea hukumu ya Mungu.

- **1 Samweli 28:7-8:** *"Sauli akawaambia watumishi wake, Nitafutieni mwanamke mwenye pepo wa utambuzi, nipate kwenda kwake kumwuliza... Akamwambia mwanamke huyo, Tafadhali, nitabirie kwa pepo wa utambuzi..."*

Uamuzi wa Sauli uliimarisha mwelekeo wa kiroho wa giza katika maisha yake na kwa taifa la Israeli.

---

3. Athari za Madhabahu Zisizo za Kimungu kwa Kizazi

Madhabahu zinazoundwa kupitia mazoea ya kizazi huathiri familia kwa njia zifuatazo:

(a) Laana za Kizazi

Mazoea ya kiroho yasiyompendeza Mungu yanaweza kuleta laana kwa familia nzima.

- **Kutoka 34:7:** *"Ninaye hifadhi fadhili kwa maelfu, na kusamehe uovu na makosa na dhambi; lakini sitaacha kumhesabia mtu kuwa hana hatia, nawapatiliza wana uovu wa baba zao, na wana wa wana wao, hata kizazi cha tatu na cha nne."*

(b) Ushawishi wa Kishetani

Madhabahu zisizo za kimungu hufungua milango ya roho za giza kushawishi familia kwa dhambi na kushindwa kiroho.

- **1 Wakorintho 10:20:** *"Lakini kwamba vitu wavitoleavyo sadaka, huwatoa kwa mashetani, wala si kwa Mungu; wala sitaki ninyi mwe wa shirika na mashetani."*

(c) Kupoteza Baraka za Mungu

Familia zinazojihusisha na madhabahu zisizo za kimungu hupoteza nafasi ya kupokea baraka na kibali cha Mungu.

---

4. Jinsi ya Kushughulikia Madhabahu Zisizo za Kimungu

(a) Kutambua Madhabahu

Hatua ya kwanza ni kutambua uwepo wa madhabahu zisizo za kimungu katika historia ya familia. Hii inaweza kujumuisha tabia za kurithi kama vile ibada za sanamu, uchawi, au mazoea mengine ya giza.

(b) Kutubu

Kutubu ni hatua muhimu ya kuvunja madhabahu za giza.

- **1 Yohana 1:9:** *"Tukiziungama dhambi zetu, yeye ni mwaminifu na wa haki hata atuondolee dhambi zetu, na kutusafisha na udhalimu wote."*

(c) Kuvunja Madhabahu kwa Nguvu za Kristo

Yesu Kristo ametupa mamlaka ya kushinda nguvu za giza.

- **Luka 10:19:** *"Tazama, nimewapa amri ya kukanyaga nyoka na nge, na nguvu zote za yule adui; wala hakuna kitu kitakachowadhuru."*

(d) Kujenga Madhabahu za Kimungu

Baada ya kuvunja madhabahu za giza, familia inapaswa kujenga madhabahu mpya za kumheshimu Mungu kwa maombi, usomaji wa Neno, na ibada.

---

5. Uchambuzi wa Kimaandiko kwa Msaada wa Exhaustive Concordance

- **Sanamu (Idols):** Neno la Kiebrania *elilim* linamaanisha vitu vya uongo vinavyoabudiwa. Linatajwa mara 48 katika Agano la Kale.
- **Uchawi (Witchcraft):** Neno la Kiebrania *kesheph* lina maana ya mazoea ya mizimu au ya kishetani.
- **Laana (Curse):** Neno la Kiebrania *arar* linamaanisha kuhukumiwa au kukataliwa na Mungu.

Madhabahu zisizo za kimungu zinajengwa kupitia mazoea ya kizazi kama ibada za sanamu na uchawi, na athari zake ni mbaya kwa familia. Hata hivyo, kwa msaada wa Yesu Kristo, tunaweza kutubu, kuvunja madhabahu hizo, na kujenga madhabahu za kimungu zinazoheshimu Mungu na kuleta baraka kwa vizazi vijavyo.

Katika sura inayofuata, tutaangazia jinsi ya kujenga na kudumisha madhabahu za kiroho zinazomletea Mungu utukufu.

Dhambi na Ibada za Sanamu

Dhambi Endelevu Hujenga Madhabahu za Kiroho Zinazowapa Nguvu Nguvu za Kishetani

Dhambi na ibada za sanamu ni mambo mawili yanayoharibu uhusiano wa kiroho kati ya mwanadamu na Mungu. Dhambi za kurudia-rudia hujenga madhabahu za kiroho ambazo huwa njia za nguvu za giza kushawishi maisha ya watu na familia zao. Mungu katika Biblia alikemea vikali dhambi na ibada za sanamu, akionya kwamba vitendo hivi huleta laana kwa vizazi.

Katika sura hii, tutaelewa jinsi dhambi endelevu inavyoweza kujenga madhabahu za kishetani, athari zake kwa familia, na jinsi ya kuzishinda kwa msaada wa Mungu.

---

1. Dhambi kama Msingi wa Madhabahu za Kishetani

Dhambi ni uvunjaji wa sheria za Mungu. Wakati dhambi inafanywa mara kwa mara, inakuwa msingi wa kiroho unaofungua mlango kwa nguvu za kishetani. Hii hutokea hasa wakati dhambi hizo zinapohusiana na ibada za sanamu.

- **Warumi 6:16:** *"Hamjui ya kuwa mkijitoa nafsi zenu kwa mtu kuwa watumwa wake na kumtii, mmekuwa watumwa wa yule mnayemtii; ama wa dhambi, iletayo mauti; ama wa utii, uletao haki?"*

Mfano wa Kibiblia: Waisraeli na Dhambi za Sanamu

Waisraeli walishindwa mara kwa mara kujitenga na ibada za sanamu za mataifa jirani. Hii iliwafanya kuanzisha madhabahu za kishetani ambazo ziliwaweka mbali na Mungu:

- **Waamuzi 2:11-13:** *"Wana wa Israeli wakafanya maovu mbele za macho ya Bwana, wakawatumikia Mabaali; wakamwacha Bwana, Mungu wa baba zao, aliyewatoa katika nchi ya Misri, wakafuata miungu mingine..."*

Dhambi zao ziliimarisha uhusiano wao na miungu ya uongo na kusababisha minyororo ya kiroho kwa kizazi chao.

---

2. Ibada za Sanamu Kama Madhabahu za Kishetani

Ibada za sanamu ni jambo ambalo Mungu alilikataza kabisa, kwa sababu inaleta uasi na kumfanya mwanadamu kuwa mbali na Mungu wa kweli.

- **Kutoka 20:3-5:** *"Usiwe na miungu mingine ila mimi. Usijifanyie sanamu ya kuchonga, wala mfano wa kitu chochote kilicho juu mbinguni, wala kilicho chini duniani... Usivisujudie wala kuvitumikia..."*

Athari za Ibada za Sanamu

Ibada za sanamu:

1. **Huvutia Nguvu za Giza:** Ibada za sanamu hutoa nafasi kwa roho za kishetani kushawishi maisha ya watu.

   - **1 Wakorintho 10:20:** *"Lakini kwamba vitu wavitoleavyo sadaka, huwatoa kwa mashetani, wala si kwa Mungu..."*

2. **Huletea Laana kwa Vizazi:** Dhambi ya ibada za sanamu huathiri hata kizazi cha tatu na cha nne.

   - **Kutoka 20:5:** *"Nawapatiliza wana maovu ya baba zao hata kizazi cha tatu na cha nne cha wanichukiao."*

Mfano wa Kibiblia: Yeroboamu

Yeroboamu alianzisha ibada ya sanamu kwa kuunda ndama wa dhahabu na kuwashawishi Waisraeli kuwa ibada hiyo ni halali.

- **1 Wafalme 12:28-30:** *"Tazama, miungu yako, Israeli, iliyokutoa katika nchi ya Misri. Akaiweka moja Betheli, na nyingine akaweka Dani. Jambo hili likawa dhambi..."*

---

3. Madhara ya Madhabahu Zinazojengwa kwa Dhambi

Madhabahu za kiroho zinazojengwa na dhambi zinaweza kuathiri familia kwa njia zifuatazo:

(a) Kuvunja Uhusiano na Mungu

Dhambi inaweka ukuta kati ya mwanadamu na Mungu.

- **Isaya 59:2:** *"Bali maovu yenu yamewafarakanisha ninyi na Mungu wenu, na dhambi zenu zimeuficha uso wake msiuone..."*

(b) Kuletea Familia Laana

Familia zinazoshiriki dhambi za kizazi hupokea laana badala ya baraka.

- **Kumbukumbu la Torati 28:15:** *"Lakini itakuwa usipotaka kuisikiliza sauti ya Bwana, Mungu wako,* *kushika maagizo yake yote na amri zake... Laana hizi zote zitakujilia na kukupata."*

(c) Kufanya Familia Kushindwa Kiroho

Madhabahu za kishetani huwazuia watu kufanikisha kusudi la Mungu maishani mwao.

---

4. Jinsi ya Kushinda Madhabahu Zinazojengwa kwa Dhambi

(a) Kutubu Dhambi

Kutubu ni hatua muhimu ya kwanza kuvunja madhabahu za kishetani.

- **1 Yohana 1:9:** *"Tukiziungama dhambi zetu, yeye ni mwaminifu na wa haki hata atuondolee dhambi zetu, na kutusafisha na udhalimu wote."*

(b) Kuvunja Ushawishi wa Kishetani

Yesu Kristo ametupa mamlaka ya kushinda nguvu za giza.

- **Luka 10:19:** *"Tazama, nimewapa amri ya kukanyaga nyoka na nge, na nguvu zote za yule adui; wala hakuna kitu kitakachowadhuru."*

(c) Kujenga Madhabahu za Kimungu

Baada ya kushinda madhabahu za kishetani, familia inapaswa kujenga madhabahu za kiroho zinazomheshimu Mungu.

- **Yoshua 24:15:** *"Lakini mkiwa haifai kumtumikia Bwana, chagueni hivi leo mtakayemtumikia... Lakini mimi na nyumba yangu tutamtumikia Bwana."*

---

5. Uchambuzi wa Kimaandiko kwa Msaada wa Exhaustive Concordance

- **Dhambi (Sin):** Neno la Kiebrania *chata'ah* linamaanisha kukosa alama au uasi.

- **Sanamu (Idols):** Neno la Kiebrania *elilim* linamaanisha vitu vya uongo vinavyoabudiwa.
- **Laana (Curse):** Neno la Kiebrania *arar* linamaanisha kuhukumiwa au kukataliwa na Mungu.

Dhambi na ibada za sanamu ni misingi ya madhabahu za kishetani ambazo husababisha uharibifu wa kiroho na kimwili kwa familia. Hata hivyo, kupitia toba, maombi, na nguvu za Yesu Kristo, familia zinaweza kushinda madhabahu hizi na kuanzisha maisha mapya yenye baraka za Mungu.

Katika sura inayofuata, tutaangazia jinsi ya kuanzisha na kudumisha madhabahu za kimungu zinazolinda familia dhidi ya ushawishi wa giza.

Laana na Maagano

Laana Zilizotamkwa na Maagano Yasiyo ya Kimungu Hufunga Familia na Madhabahu za Kishetani

Utangulizi

Laana na maagano ni njia mbili kuu ambazo familia zinaweza kufungwa na madhabahu za kishetani. Maneno ya laana yaliyotamkwa, pamoja na maagano yasiyo ya kimungu, hufungua milango kwa roho za giza kushawishi maisha ya watu na vizazi vyao. Katika Biblia, Mungu alionya dhidi ya maagano ya kishetani na kutamka laana, akisisitiza kwamba vitu hivi huleta laana badala ya baraka.

Katika sura hii, tutaelewa jinsi laana na maagano yasiyo ya kimungu huathiri familia, mifano ya kibiblia ya laana na maagano, na jinsi ya kuvunja nguvu zake kupitia Kristo.

---

1. Laana: Nguvu Zinazofungwa Kupitia Matamko

Laana ni matamshi ya kiroho yenye nguvu ya kuleta uharibifu, kushindwa, na utumwa wa kiroho. Biblia inaonyesha kwamba laana zinaweza kuwa na athari kubwa kwa familia:

- **Methali 18:21:** *"Mauti na uzima huwa katika uwezo wa ulimi..."*

(a) Laana Zilizotamkwa na Wazazi

Maneno ya laana yanayosemwa na wazazi yanaweza kuwa na athari kubwa kwa watoto na vizazi vyao.

- **Mwanzo 9:25:** Nuhu alimlaani Kanaani, mwana wa Hamu, akisema: *"Na alaaniwe Kanaani; atakuwa mtumwa wa watumwa kwa ndugu zake."* Tamko hili lilileta laana ya kizazi kwa uzao wa Kanaani.

(b) Laana Zilizotamkwa na Wanadamu Wengine

Laana zinazotamkwa na wanadamu wengine zinaweza kushika nguvu ikiwa zinakubaliana na hali ya kiroho ya mtu au familia.

- **2 Samweli 16:5-12:** Shimei alimlaani Daudi, lakini Daudi hakujibu vibaya; badala yake, alimtegemea Mungu kuondoa laana hiyo.

(c) Laana za Kujitamkia

Watu wanaweza kujitamkia laana bila kujua kupitia maneno ya kushindwa na kutojiamini.

- **Ayubu 3:1:** Ayubu alilaani siku ya kuzaliwa kwake kwa sababu ya mateso aliyopitia.

---

2. Maagano Yasiyo ya Kimungu

Agano ni makubaliano ya kiroho kati ya pande mbili. Maagano yasiyo ya kimungu ni yale yaliyofanywa na watu au familia na nguvu za giza, kwa makusudi au kwa kutojua.

(a) Maagano na Miungu ya Uongo

Mungu alikemea Waisraeli dhidi ya kufanya maagano na mataifa waliowazunguka:

- **Kutoka 23:32:** *"Usifanye maagano nao, wala na miungu yao."*
- Waisraeli walipovunja amri hii, walijikuta wakifungwa na madhabahu za sanamu na laana.

(b) Maagano ya Kichawi

Maagano yaliyofanywa kupitia uchawi au mizimu huweka msingi wa kiroho wa kishetani.

- **1 Samweli 28:7:** Sauli alipotafuta ushauri kutoka kwa mchawi wa En-Dori, alifungua mlango wa kiroho kwa laana juu yake na taifa lake.

(c) Maagano ya Kizazi

Maagano yaliyofanywa na mababu yanaweza kuathiri kizazi cha sasa.

- **Kutoka 34:7:** *"Ninaye hifadhi fadhili kwa maelfu... lakini nawapatiliza wana uovu wa baba zao, hata kizazi cha tatu na cha nne."*

---

3. Athari za Laana na Maagano Yasiyo ya Kimungu

(a) Laana za Kizazi

Laana zinazotokana na maagano yasiyo ya kimungu zinaweza kuendelea kutoka kizazi kimoja hadi kingine, zikiwaweka watu katika minyororo ya kiroho.

- **Kumbukumbu la Torati 28:15-20:** Laana za kutotii zilijumuisha kushindwa, umasikini, na magonjwa.

(b) Kuvuta Ushawishi wa Kishetani

Laana na maagano yasiyo ya kimungu huvutia roho za giza kushawishi maisha ya familia.

- **1 Wakorintho 10:20:** *"Vitu wavitoleavyo sadaka, huwatoa kwa mashetani, wala si kwa Mungu."*

(c) Kukatisha Baraka

Madhabahu za kishetani zinazotokana na laana na maagano huzuia baraka za Mungu katika maisha ya familia.

4. Jinsi ya Kuvunja Laana na Maagano Yasiyo ya Kimungu

(a) Kutambua Laana na Maagano

Hatua ya kwanza ni kutambua uwepo wa laana na maagano yaliyofungwa na familia.

- **Zaburi 139:23-24:** *"Ee Mungu, nichunguze, uujue moyo wangu; unijaribu, uyajue mawazo yangu; ukaone ikiwa iko njia mbaya ndani yangu, uniongoze katika njia ya milele."*

(b) Kutubu Dhambi

Kutubu dhambi ni hatua muhimu ya kuvunja laana na maagano yasiyo ya kimungu.

- **1 Yohana 1:9:** *"Tukiziungama dhambi zetu, yeye ni mwaminifu na wa haki hata atuondolee dhambi zetu..."*

(c) Kuvunja Laana kwa Jina la Yesu

Yesu Kristo ametupa mamlaka ya kuvunja nguvu za giza na laana.

- **Wagalatia 3:13:** *"Kristo alitukomboa kutoka katika laana ya sheria, kwa kufanyika laana kwa ajili yetu..."*
- **Luka 10:19:** *"Nimewapa amri ya kukanyaga nyoka na nge, na nguvu zote za yule adui..."*

(d) Kujenga Upya Madhabahu za Kimungu

Familia inapaswa kujenga madhabahu za kimungu kupitia maombi, usomaji wa Neno, na ibada.

- **Yoshua 24:15:** *"Lakini mimi na nyumba yangu tutamtumikia Bwana."*

5. Uchambuzi wa Kimaandiko kwa Msaada wa Exhaustive Concordance

- **Laana (Curse):** Neno la Kiebrania *arar* linamaanisha kuhukumiwa au kuadhibiwa.
- **Agano (Covenant):** Neno la Kiebrania *berith* linamaanisha makubaliano ya kiroho kati ya pande mbili.
- **Kombolewa (Redeemed):** Neno la Kiebrania *gaal* linamaanisha kununua tena au kuokolewa.

Laana na maagano yasiyo ya kimungu ni misingi ya madhabahu za kishetani zinazoshikilia familia katika utumwa wa kiroho. Hata hivyo, kupitia nguvu ya Yesu Kristo, tunaweza kuvunja laana na maagano haya na kujenga maisha mapya ya baraka na uhuru wa kiroho.

Katika sura inayofuata, tutaangazia jinsi familia inaweza kudumisha ushindi wa kiroho kupitia ibada za kimungu na maombi.

SEHEMU YA 05

ATHARI ZA MADHABAHU ZISIZO ZA KIMUNGU ZA KIFAMILIA

Ukandamizaji wa Kiroho: Familia Zinafungwa na Kukumbana na Vikwazo

Utangulizi

Madhabahu zisizo za kimungu zilizojengwa kwa dhambi, ibada za sanamu, au maagano yasiyo ya kimungu zina athari mbaya kwa maisha ya kiroho, kiroho, na kimwili ya familia. Madhabahu hizi huanzisha minyororo ya kiroho inayoweka familia katika ukandamizaji, kushindwa, na vikwazo vya maisha. Mungu anatoa maonyo wazi katika Biblia kuhusu madhara ya kushirikiana na madhabahu yasiyo ya kimungu na athari zake kwa vizazi.

Katika sura hii, tutachunguza athari za madhabahu zisizo za kimungu kwa familia, jinsi zinavyoathiri kizazi baada ya kizazi, na jinsi ya kushinda nguvu zake kwa msaada wa Yesu Kristo.

1. Ukandamizaji wa Kiroho: Familia Katika Minyororo

Madhabahu zisizo za kimungu huleta ukandamizaji wa kiroho, ambapo familia hufungwa na kushindwa kupata uhuru wa kiroho.

- **Waamuzi 6:1-6:** Waisraeli walipofanya maovu mbele za Bwana, walijikuta wakianguka chini ya ukandamizaji wa Wamidiani kwa sababu ya madhabahu zisizo za kimungu walizojenga.
- **Waamuzi 6:6:** *"Israeli wakawa dhaifu sana kwa sababu ya Midiani; nao wana wa Israeli wakamlilia Bwana."*

Ukandamizaji huu ulitokana na dhambi zao za kushirikiana na miungu ya uongo, ambazo ziliwaweka mbali na ulinzi wa Mungu.

Athari za Ukandamizaji wa Kiroho

1. **Kukosa Uhuru wa Kiroho:** Familia inayoshikiliwa na madhabahu zisizo za kimungu inakosa furaha ya kiroho na amani.
2. **Ushindwa wa Kiroho:** Roho za giza zinazovutwa na madhabahu hizi husababisha kushindwa katika juhudi za kiroho na kimwili.
3. **Kushindwa Kupokea Baraka za Mungu:** Madhabahu zisizo za kimungu huzuia mchakato wa baraka za Mungu katika familia.

---

2. Vikwazo Katika Maisha

Madhabahu zisizo za kimungu huweka familia katika hali ya kushindwa kwa njia mbalimbali:

(a) Kushindwa Kifedha

Madhabahu hizi zinaweza kusababisha matatizo ya kifedha kwa familia.

- **Hagai 1:6:** *"Mmeotesha mbegu nyingi, mkavuna haba; mnakula, lakini hamshibi; mnakunywa, lakini hamkujazwa; mnavaa, lakini hakuna awakaaye moto..."*

Hii inaonyesha jinsi familia inaweza kufanya kazi kwa bidii lakini isione matunda kwa sababu ya laana za kiroho.

(b) Kuvunjika kwa Uhusiano

Madhabahu zisizo za kimungu huleta mgawanyiko katika familia.

- **Malaki 4:6:** *"Naye ataugeuza mioyo ya baba kuwaelekea watoto wao, na mioyo ya watoto kuwaelekea baba zao; isije nikaja na kuipiga dunia kwa laana."*

(c) Kukatishwa Maisha

Madhabahu zisizo za kimungu zinaweza kusababisha vifo vya ghafla au maisha yaliyovunjika.

- **Hosea 4:6:** *"Watu wangu wanaangamizwa kwa kukosa maarifa..."*

---

3. Vizuizi vya Kizazi

Madhabahu zisizo za kimungu haziathiri kizazi kilichopo tu bali pia vizazi vijavyo.

- **Kutoka 20:5:** *"Nawapatiliza wana maovu ya baba zao hata kizazi cha tatu na cha nne cha wanichukiao."*

Madhabahu hizi zinarithisha minyororo ya kiroho kutoka kizazi kimoja hadi kingine.

Mfano wa Kibiblia: Ahabu na Yezebeli

Ahabu na Yezebeli walijenga madhabahu za Baali, ambazo zilisababisha laana na ukandamizaji kwa taifa la Israeli.

- **1 Wafalme 16:31-33:** *"Akamjengea Baali madhabahu ndani ya nyumba ya Baali, aliyoijenga huko Samaria."*

---

4. Jinsi ya Kushinda Athari za Madhabahu Zisizo za Kimungu

(a) Kutambua Tatizo

Hatua ya kwanza ni kutambua uwepo wa madhabahu zisizo za kimungu na athari zake.

- **Zaburi 139:23-24:** *"Ee Mungu, nichunguze, uujue moyo wangu; unijaribu, uyajue mawazo yangu; ukaone ikiwa iko njia mbaya ndani yangu, uniongoze katika njia ya milele."*

(b) Kutubu na Kuomba

Toba ni hatua muhimu ya kwanza ya kuvunja madhabahu zisizo za kimungu.

- **2 Mambo ya Nyakati 7:14:** *"Ikiwa watu wangu, walioitwa kwa jina langu, watanyenyekea, na kuomba, na kunitafuta uso wangu, na kuziacha njia zao mbaya; ndipo nitawasikia kutoka mbinguni..."*

(c) Kuvunja Madhabahu kwa Nguvu za Kristo

Yesu Kristo ametupa mamlaka ya kuvunja minyororo ya kiroho.

- **Luka 10:19:** *"Tazama, nimewapa amri ya kukanyaga nyoka na nge, na nguvu zote za yule adui; wala hakuna kitu kitakachowadhuru."*

(d) Kujenga Madhabahu za Kimungu

Madhabahu za kimungu huchukua nafasi ya madhabahu za kishetani, zikileta baraka na uhuru wa kiroho.

- **Yoshua 24:15:** *"Lakini mimi na nyumba yangu tutamtumikia Bwana."*

---

5. Uchambuzi wa Kimaandiko kwa Msaada wa Exhaustive Concordance

- **Ukandamizaji (Oppression):** Neno la Kiebrania *lachats* linamaanisha kukandamizwa au kuteswa.
- **Laana (Curse):** Neno la Kiebrania *arar* linamaanisha kuhukumiwa au kuadhibiwa.
- **Baraka (Blessing):** Neno la Kiebrania *barak* linamaanisha baraka au neema ya Mungu.

Madhabahu zisizo za kimungu huleta ukandamizaji wa kiroho, vikwazo vya maisha, na vizuizi vya kizazi. Hata hivyo, kupitia nguvu ya Yesu Kristo na toba ya kweli, familia zinaweza kushinda athari hizi na kufurahia uhuru wa kiroho na baraka za Mungu.

Katika sura inayofuata, tutaeleza jinsi ya kujenga madhabahu za kimungu zinazoweza kuvunja laana na kuimarisha baraka kwa kizazi kijacho.

Kukwama Maishani

Kukosekana kwa Maendeleo Katika Ndoa, Kazi, au Afya

Kukwama maishani ni hali ya kukosa maendeleo ya kibinafsi, ukuaji, au maendeleo katika maeneo muhimu ya maisha. Hali hii hutokea wakati maeneo fulani ya maisha yako yanaacha kusonga mbele na yanahisi yamekwama. Kukwama kunaweza kusababisha mtu kubaki katika mzunguko uleule wa mazoea, tabia, au mifumo ambayo haileti furaha wala matokeo chanya.

Katika sura hii, tutachunguza sababu za kukwama, jinsi hali hii inavyoweza kuathiri maeneo kama ndoa, kazi, au afya, na njia za kuondokana nayo kwa msaada wa Mungu.

1. Kukwama Katika Ndoa

Kukwama katika ndoa kunatokea pale ambapo mahusiano kati ya wanandoa yanapoteza mwelekeo na ukuaji. Badala ya kushirikiana kwa furaha, wanandoa wanajikuta wakirudia matatizo yaleyale au wakikosa mawasiliano yenye tija.

- **Amosi 3:3:** *"Je! Wawili waweza kutembea pamoja, wasipopatana?"*

Dalili za Kukwama Katika Ndoa

1. Ukosefu wa mawasiliano ya kweli.
2. Kurudia migogoro isiyoisha.
3. Kukosa maono ya pamoja kwa ajili ya ndoa.

Sababu za Kukwama Katika Ndoa

1. Madhabahu zisizo za kimungu zinazovuruga uhusiano wa kiroho wa wanandoa.
2. Kukosa msamaha au kushikilia machungu ya zamani.

---

2. Kukwama Katika Kazi

Kukwama katika kazi kunahusisha hali ya kukosa maendeleo au kuridhika katika taaluma yako. Unaweza kuhisi kwamba hauna mwelekeo wa baadaye au kazi yako haina maana.

- **Mhubiri 2:11:** *"Ndipo nikaziangalia kazi zote zilizo fanyika kwa mikono yangu, na taabu yote niliyotaabika katika kuzitenda; na tazama, yote ni ubatili na kujilisha upepo..."*

Dalili za Kukwama Katika Kazi

1. Kukosa motisha au hamasa ya kufanya kazi.
2. Kuona kazi yako haina matokeo au thamani.
3. Kukwama katika nafasi moja kwa muda mrefu bila mabadiliko.

Sababu za Kukwama Katika Kazi

1. Madhabahu zisizo za kimungu zinazozuia baraka za kiroho za taaluma yako.
2. Kushindwa kuomba mwongozo wa Mungu kwa maamuzi ya taaluma.

---

3. Kukwama Katika Afya

Kukwama katika afya kunahusiana na kushindwa kupona, kuboresha hali ya mwili, au kudhibiti tabia zinazochangia afya mbaya. Hali hii inaweza kusababisha uchovu wa kiakili na kimwili.

- **3 Yohana 1:2:** *"Mpendwa, naomba ufanikiwe katika mambo yote na kuwa na afya yako, kama vile roho yako ifanikiwavyo."*

Dalili za Kukwama Katika Afya

1. Ugonjwa wa muda mrefu usioisha.
2. Kukosa uwezo wa kufuata maisha yenye afya bora.
3. Kushindwa kuacha tabia zinazodhuru mwili, kama vile ulaji mbaya au ulevi.

Sababu za Kukwama Katika Afya

1. Kukosa nidhamu ya kuishi kwa maadili ya afya ya kibiblia.
2. Kuathiriwa na laana za kizazi au madhabahu zisizo za kimungu.

---

4. Sababu za Kukwama Maishani

Kukwama maishani kunaweza kusababishwa na mambo mbalimbali:

(a) Laana za Kizazi

Laana za kizazi zinazotokana na dhambi za mababu au maagano yasiyo ya kimungu zinaweza kuzuia maendeleo.

- **Kutoka 20:5:** *"Nawapatiliza wana maovu ya baba zao hata kizazi cha tatu na cha nne cha wanichukiao."*

(b) Madhabahu Zisizo za Kimungu

Madhabahu hizi huleta vizuizi vya kiroho na kushindwa kupokea baraka.

- **Waamuzi 6:25-26:** Gideoni aliamriwa na Mungu kubomoa madhabahu ya Baali na kujenga madhabahu mpya kwa Bwana, ili kuondoa ukandamizaji wa kiroho.

(c) Ukosefu wa Maono

Kukosa mwelekeo au maono ya kiroho kunaweza kusababisha mtu kukwama.

- **Mithali 29:18:** *"Pasipo maono, watu huangamia."*

---

5. Jinsi ya Kushinda Kukwama Maishani

(a) Kutambua Chanzo

Tambua ni eneo gani la maisha yako limekwama na sababu zinazosababisha hali hiyo.

- **Zaburi 139:23-24:** *"Ee Mungu, nichunguze, uujue moyo wangu; unijaribu, uyajue mawazo yangu..."*

(b) Kutubu Dhambi

Kama hali ya kukwama inatokana na dhambi au madhabahu zisizo za kimungu, ni muhimu kutubu.

- **1 Yohana 1:9:** *"Tukiziungama dhambi zetu, yeye ni mwaminifu na wa haki hata atuondolee dhambi zetu..."*

(c) Kuvunja Madhabahu Zisizo za Kimungu

Tumia mamlaka ya kiroho katika Kristo kuvunja nguvu za madhabahu zinazozuia maendeleo yako.

- **2 Wakorintho 10:4:** *"Silaha za vita vyetu si za mwili, bali zina uwezo katika Mungu hata kuangusha ngome."*

(d) Kuomba Mwongozo wa Mungu

Omba Mungu akuonyeshe njia ya kutoka katika hali ya kukwama.

- **Isaya 30:21:** *"Na masikio yako yatasikia neno nyuma yako, likisema, Njia ni hii, ifuateni; mgeukapo kuume, au mgeukapo kushoto."*

(e) Kujenga Upya Maisha Yenye Baraka

Jenga mazoea mapya yenye kuleta ukuaji na maendeleo kwa msaada wa Mungu.

- **Yoshua 1:8:** *"Kitabu hiki cha torati kisiondoke kinywani mwako, bali yatafakari maneno yake mchana na usiku..."*

---

6. Uchambuzi wa Kimaandiko kwa Msaada wa Exhaustive Concordance

- **Kukwama (Stagnation):** Neno linalohusiana ni *atsar* (Kiebrania), linalomaanisha kuzuia, kuzuiliwa, au kukosa mwendo.
- **Maendeleo (Progress):** Neno la Kiebrania *tsalach*, linalomaanisha kufanikiwa au kustawi.
- **Baraka (Blessing):** Neno la Kiebrania *barak*, linaloonyesha baraka na neema ya Mungu.

Kukwama maishani ni hali inayoweza kushughulikiwa kwa kutambua chanzo, kutubu, na kuomba mwongozo wa Mungu. Familia inapaswa kujifunza kushinda vizuizi vya kiroho kupitia maombi, toba, na kujenga madhabahu za kimungu zinazohakikisha ukuaji wa kiroho, kimwili, na kiakili.

Katika sura inayofuata, tutaangazia jinsi ya kujenga maisha ya ushindi kupitia Neno la Mungu na maombi ya familia.

Mifumo ya Hasi Inayojirudia

Mizunguko ya Kushindwa, Utegemezi, au Vifo Visivyokuwa vya Kawaida Vinavyorudiwa Katika Vizazi

---

Mifumo ya hasi inayojirudia ni hali ambapo familia au watu binafsi wanakumbana na changamoto zilezile kwa vizazi au katika maisha yao binafsi. Hali hizi zinaweza kujumuisha kushindwa mara kwa mara, utegemezi wa vilevi, au vifo visivyokuwa vya kawaida. Tabia hizi mara nyingi hutokana na minyororo ya kiroho, maamuzi ya kihisia, au athari za kisaikolojia zinazorithiwa kutoka kizazi kimoja hadi kingine.

Katika sura hii, tutaelewa msingi wa kisaikolojia wa tabia zinazojirudia, aina zake, sababu zake, athari zake kwa maisha ya kila siku, na mikakati ya kuvunja mizunguko hii isiyofaa.

---

1. Msingi wa Kisaikolojia wa Tabia Zinazojirudia

Tabia zinazojirudia mara nyingi hutokana na mifumo ya ndani ya akili ambayo imekita mizizi kutokana na uzoefu wa zamani, hofu, au imani zisizo sahihi.

Biblia na Tabia Zinazojirudia

Biblia inazungumzia jinsi dhambi na tabia za mababu zinaweza kurithiwa:

- **Kutoka 20:5:** *"Nawapatiliza wana maovu ya baba zao hata kizazi cha tatu na cha nne cha wanichukiao."*

Mstari huu unaonyesha kuwa tabia za kizazi, iwe nzuri au mbaya, zinaweza kuathiri vizazi vya baadaye.

---

2. Aina za Tabia Zinazojirudia

(a) Kushindwa Mara kwa Mara

Familia au watu binafsi wanakumbana na mfululizo wa kushindwa katika maeneo kama kazi, ndoa, au malengo ya kifamilia.

- **Hagai 1:6:** *"Mmeotesha mbegu nyingi, mkavuna haba..."*

(b) Utegemezi wa Vilevi

Hali ya kurudia utegemezi wa vilevi kama pombe, dawa za kulevya, au kamari kwa kizazi kimoja hadi kingine.

(c) Vifo Visivyokuwa vya Kawaida

Familia zinaposhuhudia mfululizo wa vifo vya ghafla au visivyokuwa vya kawaida katika kizazi baada ya kizazi.

---

3. Sababu Zinazochangia Tabia Zinazojirudia

(a) Maumbile na Mazingira

Mazingira ya familia na maumbile yanachangia tabia zinazojirudia. Watoto wanarithi tabia na mifumo ya kufikiri kutoka kwa wazazi wao.

(b) Madhabahu Zisizo za Kimungu

Madhabahu zinazojengwa na dhambi au ibada za sanamu hufanya tabia hizi ziwe na mizizi ya kiroho.

- **Waamuzi 6:25:** Gideoni aliamriwa kubomoa madhabahu ya Baali na kujenga madhabahu mpya kwa Mungu.

(c) Ukosefu wa Maarifa

Ukosefu wa ufahamu wa kiroho au kisaikolojia unaweza kusababisha mtu kushindwa kubadilisha mzunguko wa tabia zisizofaa.

- **Hosea 4:6:** *"Watu wangu wanaangamizwa kwa kukosa maarifa."*

---

4. Athari za Tabia Zinazojirudia Katika Maisha ya Kila Siku

(a) Kushuka Kwa Ubora wa Maisha

Tabia zinazojirudia huathiri ubora wa maisha kwa kuleta huzuni, kushindwa, au afya duni.

(b) Migogoro ya Kijamii

Tabia hizi mara nyingi husababisha migogoro ya kifamilia au kijamii.

(c) Kukosa Mwelekeo wa Kiroho

Mifumo ya kushindwa huathiri uwezo wa mtu kuungana na Mungu au kufikia baraka za kiroho.

---

5. Mikakati ya Kuvunja Tabia Zinazojirudia

(a) Kutambua Mifumo Isiyofaa

Hatua ya kwanza ni kutambua tabia au mifumo ambayo haifai.

- **Zaburi 139:23-24:** *"Ee Mungu, nichunguze, uujue moyo wangu..."*

(b) Kutubu na Kuomba

Toba ni hatua muhimu ya kuvunja tabia hizi kwa msaada wa Mungu.

- **1 Yohana 1:9:** *"Tukiziungama dhambi zetu, yeye ni mwaminifu na wa haki..."*

(c) Kuomba Uhuru wa Kiroho

Omba ili kuvunja minyororo ya kiroho inayoshikilia familia yako.

- **2 Wakorintho 10:4:** *"Silaha za vita vyetu si za mwili, bali zina uwezo katika Mungu hata kuangusha ngome."*

(d) Kufanya Mabadiliko ya Mazingira

Badilisha mazoea mabaya na tabia zinazochangia mzunguko wa kushindwa.

(e) Kusoma Neno la Mungu

Neno la Mungu ni silaha yenye nguvu ya kubadilisha maisha.

- **Warumi 12:2:** *"Msifuatishe namna ya dunia hii; bali mgeuzwe kwa kufanywa upya nia zenu..."*

---

6. Kukubali Ugumu wa Tabia za Kibinadamu

Tabia za kibinadamu ni ngumu na zinahitaji subira na juhudi za mabadiliko. Kila hatua ndogo ya mabadiliko ni ya muhimu kuelekea kushinda tabia zisizofaa.

Uchambuzi wa Kimaandiko kwa Msaada wa Exhaustive Concordance

- **Tabia (Behavior):** Neno linalohusiana ni *halak* (Kiebrania), linalomaanisha mwenendo au njia ya kuishi.
- **Laana (Curse):** Neno la Kiebrania *arar*, linalomaanisha hukumu au maangamizi.
- **Uhuru (Freedom):** Neno la Kiebrania *dror*, linalomaanisha ukombozi au uhuru.

Mifumo ya tabia zisizofaa inayojirudia inaweza kuvunjwa kupitia kutambua chanzo chake, kutubu, na kutumia maombi pamoja na mwongozo wa Mungu. Familia zinapaswa kujifunza kubadilisha mazoea mabaya na kujenga mwelekeo wa kiroho unaoleta baraka na ukuaji wa kibinafsi.

Katika sura inayofuata, tutaeleza jinsi ya kujenga mzunguko wa tabia chanya na matokeo mazuri kwa kizazi baada ya kizazi.

SEHEMU YA 06

MIFANO YA MADHABAHU ZA KIFAMILIA KATIKA BIBLIA

Hadithi ya Gideoni: Kubomoa Madhabahu ya Baali na Kujenga Madhabahu kwa Mungu

(Waamuzi 6:25-27)

Biblia inatoa mifano mingi ya familia zilizoanzisha madhabahu, iwe za kimungu au zisizo za kimungu. Hadithi ya Gideoni ni mojawapo ya mifano yenye nguvu inayotufundisha umuhimu wa kubomoa madhabahu za giza na kujenga madhabahu safi kwa Mungu. Gideoni, mwana wa Yoashi, aliteuliwa na Mungu kuvunja madhabahu ya Baali iliyojengwa na baba yake na kuanzisha upya ibada ya kweli kwa Mungu wa Israeli. Katika sura hii, tutaangazia somo hili kwa undani, tukiangalia maana, hatua za Gideoni, na jinsi tunavyoweza kutumia masomo haya leo.

---

1. Maagizo ya Mungu kwa Gideoni

(a) Amri ya Kubomoa Madhabahu ya Baali

Mungu alimwagiza Gideoni kubomoa madhabahu ya Baali na nguzo ya Ashera iliyokuwa karibu nayo:

- **Waamuzi 6:25:** *"Ikawa usiku huo Bwana akamwambia, Twaa ng'ombe wa baba yako, yaani ng'ombe wa pili, aliye wa miaka saba, ukaiangushe madhabahu ya Baali, aliyo nayo baba yako, ukikate na Ashera ile iliyo karibu nayo."*

Hii ilikuwa hatua ya kwanza ya kurejesha ibada ya kweli katika familia ya Gideoni. Madhabahu ya Baali iliwakilisha ibada ya sanamu, uasi, na uhusiano wa giza uliorithiwa kutoka kizazi kimoja hadi kingine. Mungu alihitaji madhabahu hiyo ivunjwe kabisa.

(b) Amri ya Kujenga Madhabahu kwa Mungu

Baada ya kubomoa madhabahu ya Baali, Gideoni aliagizwa kujenga madhabahu mpya kwa Mungu:

- **Waamuzi 6:26:** *"Ukamjenge Bwana, Mungu wako, madhabahu juu ya ngome hii, kwa taratibu zake; ukamtwae yule ng'ombe wa pili, ukamtoe awe sadaka ya kuteketezwa kwa kuni za ile Ashera, utakayokata."*

Hii ilikuwa ishara ya kumrudisha Mungu katika nafasi yake halali katika familia na jamii ya Gideoni.

---

2. Vitendo vya Gideoni

(a) Utii wa Gideoni

Ingawa Gideoni alikuwa na hofu, alitii maagizo ya Mungu kwa usahihi:

- **Waamuzi 6:27:** *"Basi Gideoni akatwaa watu kumi miongoni mwa watumishi wake, akafanya kama*

Bwana alivyomwambia; lakini kwa kuwa aliogopa nyumba ya baba yake, na watu wa mji, hakuweza kuifanya mchana, akaifanya usiku."

Hii inaonyesha kwamba hata katika hofu, utii kwa Mungu ni muhimu ili kuvunja minyororo ya kiroho.

(b) Kuvunja Madhabahu ya Baali

Gideoni alikata madhabahu ya Baali na kutumia kuni za nguzo ya Ashera kuwasha moto kwa sadaka ya Mungu. Hii ilikuwa tendo la kiroho lenye nguvu la kufuta madhara ya ibada za sanamu na kurudisha utakatifu wa Mungu.

---

3. Mafundisho Kutoka Kwa Hadithi ya Gideoni

(a) Mungu Anahitaji Utii Kamili

Kubomoa madhabahu za giza ni agizo la moja kwa moja kutoka kwa Mungu kwa kila familia inayotaka kuishi katika uhuru wa kiroho.

(b) Uvumilivu Katika Kukabiliana na Hofu

Ingawa Gideoni alikuwa na hofu ya watu, alitii maagizo ya Mungu. Hii inatufundisha kuwa ujasiri wa kiroho huanza na utii kwa Mungu, hata wakati hali inaonekana kuwa ngumu.

- **2 Timotheo 1:7:** *"Kwa maana Mungu hakutupa roho ya woga, bali ya nguvu na ya upendo na ya moyo wa kiasi."*

(c) Kuweka Mungu Kwanza

Kujenga madhabahu mpya kwa Mungu kulimaanisha kuwa Mungu ndiye kitovu cha maisha ya Gideoni na familia yake.

---

4. Maana ya Madhabahu za Kimungu na Zisizo za Kimungu

(a) Madhabahu za Kimungu

Madhabahu za kimungu ni sehemu ya maombi, ibada, na kujitoa kwa Mungu. Zinawakilisha agano la familia na Mungu.

(b) Madhabahu Zisizo za Kimungu

Madhabahu hizi zinajengwa kwa dhambi, ibada za sanamu, na maagano yasiyo ya kimungu. Zinavutia nguvu za giza na kuharibu uhusiano wa kiroho wa familia na Mungu.

- **Waamuzi 6:25-26:** Madhabahu ya Baali ilikuwa chanzo cha ukandamizaji wa kiroho kwa Waisraeli, lakini Gideoni aliteuliwa na Mungu kuibomoa.

---

5. Masomo kwa Familia za Kisasa

(a) Tambua Madhabahu za Giza

Familia zinapaswa kuchunguza maisha yao na historia yao kutambua ikiwa kuna madhabahu za giza zinazowazuia kupokea baraka za Mungu.

- **Zaburi 139:23-24:** *"Ee Mungu, nichunguze, uujue moyo wangu; unijaribu, uyajue mawazo yangu."*

(b) Vunja Madhabahu za Kishetani

Kwa msaada wa Mungu, madhabahu zote zisizo za kimungu lazima zivunjwe na nafasi yake kuchukuliwa na ibada safi kwa Mungu.

(c) Jenga Upya Madhabahu za Kimungu

Maombi ya familia, kusoma Neno la Mungu, na ibada za pamoja ni njia za kujenga madhabahu za kimungu nyumbani.

- **Yoshua 24:15:** *"Lakini mimi na nyumba yangu tutamtumikia Bwana."*

---

6. Uchambuzi wa Kimaandiko kwa Msaada wa Exhaustive Concordance

- **Madhabahu (Altar):** Neno la Kiebrania *mizbeach* linamaanisha mahali pa dhabihu au ibada.
- **Baali (Baal):** Neno la Kiebrania *ba'al* linamaanisha bwana au mungu wa uongo aliyeabudiwa na mataifa.
- **Utii (Obedience):** Neno la Kiebrania *shama* linamaanisha kusikia na kutii.

Hadithi ya Gideoni inatufundisha umuhimu wa kubomoa madhabahu za giza na kujenga madhabahu safi kwa Mungu. Kupitia utii wa Gideoni, Mungu alileta ushindi kwa familia yake na kwa taifa la Israeli. Familia za leo zinapaswa kujifunza kutoka kwa mfano huu kwa kubomoa madhabahu zisizo za kimungu katika maisha yao na kujenga mahusiano ya kiroho yenye nguvu na Mungu.

Katika sura inayofuata, tutaangazia mifano mingine ya kibiblia ya madhabahu za kifamilia na somo tunaloweza kujifunza kutoka kwao.

Madhabahu za Kimungu za Abrahamu

(Mwanzo 12:7)

Alianzisha Agano na Mungu

Abrahamu, aliyeitwa baba wa imani, alijulikana kwa kujenga madhabahu za kumheshimu Mungu. Madhabahu hizi zilikuwa alama za ibada, utii, na imani yake kwa Mungu. Kila madhabahu aliyojenga iliashiria hatua ya kiroho na mwitikio wa Abrahamu kwa maagizo na ahadi za Mungu. Madhabahu hizi pia zilihusishwa na maagano makubwa kati ya Mungu na Abrahamu, zikijumuisha ahadi za ardhi, uzao, na baraka.

Katika sura hii, tutachunguza madhabahu nne kuu za Abrahamu: Shekemu, Betheli, Hebroni, na Mlima Moria, pamoja na umuhimu wake wa kiteolojia.

1. Madhabahu ya Shekemu

- **Mwanzo 12:7:** *"Bwana akamtokea Abramu, akasema, Uzao wako nitawapa nchi hii. Naye huko akamjengea Bwana madhabahu aliyemtokea."*

Shekemu ilikuwa mahali pa kwanza ambapo Abrahamu alijenga madhabahu baada ya kuingia katika nchi ya Kanaani. Hii ilikuwa hatua ya mwanzo ya safari yake ya kiimani na utii kwa Mungu.

Umuhimu wa Madhabahu ya Shekemu

1. **Ishara ya Ahadi ya Ardhi:** Mungu alimwahidi Abrahamu kwamba uzao wake utamiliki nchi ya Kanaani.
2. **Kuanza kwa Agano:** Madhabahu hii ilikuwa kumbukumbu ya agano la kwanza kati ya Mungu na Abrahamu.
3. **Kuanza kwa Safari ya Imani:** Ilionyesha mwanzo wa uhusiano wa kiroho kati ya Mungu na Abrahamu katika nchi ya ahadi.

---

2. Madhabahu ya Betheli

- **Mwanzo 12:8:** *"Kisha akaondoka huko akaenda mpaka mlima ulio upande wa mashariki wa Betheli, akaweka hema yake; akiwa na Betheli upande wa magharibi, na Ai upande wa mashariki; akamjengea Bwana madhabahu huko, akaliitia jina la Bwana."*

Betheli ilikuwa hatua nyingine muhimu ambapo Abrahamu alimjengea Mungu madhabahu. Hapa aliiita jina la Bwana, akionyesha imani yake ya kina kwa Mungu wa kweli.

Umuhimu wa Madhabahu ya Betheli

1. **Mahali pa Maombi:** Abrahamu aliita jina la Bwana, akionyesha uhusiano wake wa karibu na Mungu.
2. **Kuthibitisha Uwepo wa Mungu:** Madhabahu hii ilikuwa mahali pa kuthibitisha kwamba Mungu alikuwa pamoja naye.

3. **Ujenzi wa Imani:** Ilionyesha Abrahamu akijifunza kumtegemea Mungu kikamilifu.

---

3. Madhabahu ya Hebroni (Mwadhani wa Mamre)

- **Mwanzo 13:18:** *"Basi Abramu akaondoa hema yake, akaenda akakaa karibu na mwadhani wa Mamre, ulio karibu na Hebroni, akamjengea huko Bwana madhabahu."*

Baada ya kutengana na Lutu, Abrahamu aliamua kukaa Hebroni, ambako alijenga madhabahu nyingine kwa Mungu.

Umuhimu wa Madhabahu ya Hebroni

1. **Amri ya Mungu:** Ilikuwa mahali pa kuimarisha ahadi za Mungu kwa Abrahamu baada ya mzozo na Lutu.
2. **Utulivu wa Kiroho:** Hebroni ilikuwa mahali pa amani na uthibitisho wa baraka za Mungu.
3. **Maandalizi ya Utekelezaji wa Ahadi:** Mungu alisisitiza ahadi zake za uzao na ardhi.

---

4. Madhabahu ya Mlima Moria

- **Mwanzo 22:9:** *"Wakafika mahali pale Mungu alipoambiwa; Abrahamu akajenga madhabahu huko, akaweka kuni juu yake; akamfunga Isaka mwanawe, akamlaza juu ya madhabahu, juu ya zile kuni."*

Mlima Moria ulikuwa mahali ambapo Abrahamu alijaribiwa kumtoa mwanawe Isaka kama dhabihu kwa Mungu. Ingawa Mungu alimzuia, tukio hili lina umuhimu mkubwa wa kiteolojia.

Umuhimu wa Madhabahu ya Mlima Moria

1. **Jaribio la Imani:** Abrahamu alionyesha utii wa kipekee kwa Mungu, hata alipohitajika kumtoa mwanawe wa pekee.

2. **Ahadi ya Mungu Kusimama:** Mungu alikubali utii wa Abrahamu na kuahidi tena baraka za uzao na urithi.

3. **Unabii wa Kristo:** Tukio hili lilikuwa mfano wa dhabihu ya Yesu Kristo, Mwanakondoo wa Mungu, ambaye alitolewa kwa ajili ya dhambi za ulimwengu.

Umuhimu wa Kiteolojia wa Madhabahu za Abrahamu

(a) Ishara za Utii na Imani

Kila madhabahu aliyojenga Abrahamu ilikuwa mwitikio wa mwongozo wa Mungu. Madhabahu hizi zilionyesha utii wake, hata pale ambapo matakwa ya Mungu yalionekana kuwa magumu.

- **Waebrania 11:8:** *"Kwa imani Abrahamu alipoitwa kuitii sauti ya Mungu aende mahali pale ambapo angepokea kuwa urithi, alitii..."*

(b) Alama za Agano

Madhabahu za Abrahamu zilitumika kama alama za kimwili za maagano kati yake na Mungu. Ahadi za ardhi, uzao, na baraka zote zilirudiwa kwenye madhabahu hizi.

(c) Mahali pa Ibada na Kukutana na Mungu

Madhabahu hizi zilikuwa mahali pa kipekee ambapo Abrahamu aliabudu Mungu na kupata mafunuo ya kiungu.

(d) Unabii wa Dhabihu

Madhabahu, hasa ya Mlima Moria, ilibeba maana ya kinabii, ikielekeza kwenye mfumo wa dhabihu wa Israeli na dhabihu ya mwisho ya Yesu Kristo.

Uchambuzi wa Kimaandiko kwa Msaada wa Exhaustive Concordance

- **Madhabahu (Altar):** Neno la Kiebrania *mizbeach* linamaanisha mahali pa dhabihu na ibada.
- **Agano (Covenant):** Neno la Kiebrania *berith* linamaanisha makubaliano ya kiroho kati ya Mungu na mwanadamu.
- **Dhabihu (Sacrifice):** Neno la Kiebrania *zebach* linamaanisha tendo la kutoa kitu kwa Mungu kama ishara ya ibada.

Madhabahu za Abrahamu zilikuwa alama za kipekee za imani, utii, na uhusiano wake wa kipekee na Mungu. Ziliashiria hatua muhimu za kiroho na kutimiza ahadi za Mungu kwa maisha yake na kwa vizazi vyake. Kama Abrahamu, familia za kisasa zinaweza kujifunza umuhimu wa kujenga madhabahu za kiroho katika maisha yao kupitia maombi, ibada, na utii kwa Neno la Mungu.

Katika sura inayofuata, tutaendelea kuchunguza mifano mingine ya madhabahu za kibiblia na somo lake kwa maisha ya kiroho ya familia zetu leo.

Marekebisho ya Mfalme Yosia

(2 Wafalme 23:4-25)

Yosia Aliharibu Madhabahu za Kipagani na Kurejesha Ibada ya Kweli

---

Mfalme Yosia wa Yuda ni mmoja wa wafalme walioacha alama kubwa ya kiroho katika historia ya Israeli. Utawala wake ulijulikana kwa juhudi za kurejesha ibada ya kweli kwa Mungu wa Israeli na kuondoa kabisa ibada za sanamu. Marekebisho yake yalianza baada ya kugunduliwa kwa Kitabu cha Sheria, kilichomwongoza kuchukua hatua za kipekee za kuvunja madhabahu za kipagani na kurejesha utakatifu wa ibada kwa Mungu.

Katika sura hii, tutaangazia historia ya Yosia, jinsi alivyoanza kufanya marekebisho, ushauri aliopewa na nabii Huldah, hatua alizochukua kutekeleza marekebisho, na umuhimu wa kiteolojia wa matendo yake.

---

1. Historia na Kupanda kwa Kiti cha Ufalme

Yosia alikuwa mwana wa Amoni na mjukuu wa Manase, ambao wote walikuwa wamejitenga na ibada ya kweli kwa Mungu. Alipanda kiti cha ufalme akiwa na umri wa miaka minane baada ya kuuawa kwa baba yake.

- **2 Wafalme 22:1:** *"Yosia alikuwa na umri wa miaka minane alipoanza kutawala, akatawala miaka thelathini na mmoja katika Yerusalemu."*

Licha ya kurithi ufalme uliojaa uasi wa kiroho na ibada za sanamu, Yosia alionyesha moyo wa kutafuta Mungu na kurejesha utakatifu wa taifa.

---

2. Kugunduliwa kwa Kitabu cha Sheria

Katika mwaka wa kumi na nane wa utawala wake, wakati ukarabati wa Hekalu la Bwana ukiendelea, kitabu cha sheria ya Musa kiligunduliwa na kuhani mkuu Hilkia.

- **2 Wafalme 22:8:** *"Hilkia, kuhani mkuu, akamwambia Shafani mwandishi, Nimekiona kitabu cha torati ndani ya nyumba ya Bwana."*

Kitabu hiki kilikuwa chenye athari kubwa kwa maisha ya Yosia na taifa lote la Yuda, kwani kilifunua kiwango cha uasi wao na hitaji la toba ya dhati.

---

3. Ushauri kutoka kwa Nabii Huldah

Baada ya kusikia yaliyomo kwenye Kitabu cha Sheria, Yosia aligawanyika moyoni na kutuma ujumbe wa kumtafuta nabii Huldah kwa ushauri wa kiroho.

- **2 Wafalme 22:13:** *"Enendeni mkamwulize Bwana kwa ajili yangu, na kwa ajili ya watu* *hawa, na kwa ajili ya Yuda yote, katika habari za maneno ya kitabu hiki kilichoonekana..."*

Nabii Huldah alithibitisha kwamba hukumu ya Mungu ilikuwa karibu kwa sababu ya dhambi za taifa, lakini alimhakikishia Yosia kwamba kutokana na moyo wake wa unyenyekevu, Mungu angemhurumia kwa muda wa maisha yake.

- **2 Wafalme 22:19-20:** *"Kwa sababu moyo wako umefadhaika, nawe umejinyenyekeza mbele za Bwana... kwa hiyo, tazama, nitakukusanya na baba zako kwa amani."*

---

4. Utekelezaji wa Marekebisho

(a) Kuondoa Madhabahu za Kipagani

Yosia alianza kwa kuvunja madhabahu zote za sanamu na kuondoa kila kitu kilichohusiana na ibada za kipagani:

- **2 Wafalme 23:4:** *"Mfalme akaamuru Hilkia kuhani mkuu, na makuhani wa pili, na wale walinzi wa mlango, kuitoa nje ya hekalu la Bwana vyombo vyote vilivyofanywa kwa ajili ya Baali, na Ashera, na jeshi lote la mbinguni; akaviteketeza kwa moto..."*

(b) Kufuta Ibada ya Baali na Ashera

Yosia aliharibu nguzo na maashera zilizokuwa sehemu ya ibada za kipagani:

- **2 Wafalme 23:6:** *"Akaitoa Ashera katika nyumba ya Bwana, mpaka nje ya Yerusalemu..."*

(c) Kuuondoa Uchawi na Ushirikina

Aliondoa kila aina ya uchawi na mizimu, akihakikisha kwamba taifa lilikuwa safi mbele za Mungu.

- **2 Wafalme 23:24:** *"Tena Yosia akaondoa wao wenye pepo, na wajumbe wa mizimu, na sanamu, na machukizo yote yaliyokuwa yakionekana katika nchi ya Yuda..."*

(d) Kufanya Pasaka ya Bwana

Yosia alirejesha sherehe ya Pasaka, ambayo ilikuwa imepuuzwa kwa muda mrefu:

- **2 Wafalme 23:21-22:** *"Mfalme akawaamuru watu wote, akasema, Fanyeni pasaka kwa Bwana Mungu wenu, kama ilivyoandikwa katika kitabu hiki cha agano. Hakika hapakuwa na pasaka iliyofanyika mfano wake tangu siku za waamuzi waliowahukumu Israeli..."*

---

5. Umuhimu wa Kiteolojia wa Marekebisho ya Yosia

(a) Kurejesha Utakatifu wa Ibada

Marekebisho ya Yosia yalirejesha utakatifu wa ibada kwa Mungu wa kweli. Aliondoa kila kitu kilichokuwa kikwazo kati ya watu na Mungu.

(b) Mfano wa Toba ya Kweli

Yosia alionyesha toba ya kweli kwa moyo wake wa unyenyekevu na hatua za vitendo alizochukua kurejesha ibada ya kweli.

- **Mithali 28:13:** *"Afichaye dhambi zake hatafanikiwa; bali yeye aziungamaye na kuziacha atapata rehema."*

(c) Kuzingatia Neno la Mungu

Kugunduliwa kwa Kitabu cha Sheria kulionyesha umuhimu wa Neno la Mungu kama mwongozo wa maisha ya kiroho.

(d) Ondo la Laana

Kwa kuondoa ibada za sanamu, Yosia alitakasa taifa la Yuda na kuliondoa kutoka kwenye laana za maagano yasiyo ya kimungu.

- **Kumbukumbu la Torati 28:15:** *"Lakini itakuwa usipotaka kuisikiliza sauti ya Bwana Mungu wako... laana hizi zote zitakujilia na kukupata."*

Uchambuzi wa Kimaandiko kwa Msaada wa Topical Encyclopedia

- **Marekebisho (Reforms):** Neno la Kiebrania *tikkun* lina maana ya kurejesha au kurekebisha.
- **Sheria (Law):** Neno la Kiebrania *torah* linamaanisha mafundisho au mwongozo wa Mungu.
- **Unyenyekevu (Humility):** Neno la Kiebrania *anavah* lina maana ya kujishusha au kujinyenyekeza mbele za Mungu.

Marekebisho ya Yosia yanaonyesha mfano wa utii wa kipekee na kujitolea kwa Mungu. Kupitia matendo yake, taifa la Yuda lilirejeshwa kwenye ibada ya kweli, na Yosia akawa mfano wa toba ya kweli na moyo wa unyenyekevu. Familia na jamii za leo zinaweza kujifunza kutoka kwa mfano wa Yosia, kuhakikisha kuwa maisha yao ya kiroho yanajengwa juu ya msingi wa Neno la Mungu na utii wa kweli.

Katika sura inayofuata, tutaendelea kuchunguza mifano ya viongozi wengine wa kibiblia waliorejesha ibada ya kweli kwa Mungu.

Mifano ya Kibiblia ya Madhabahu za Kifamilia

Umuhimu wa Kiteolojia wa Madhabahu za Kifamilia

Madhabahu za kifamilia ni sehemu muhimu katika historia ya kibiblia, zikiwakilisha mahali pa ibada, mawasiliano na Mungu, na mahali pa kuimarisha agano la kiroho. Katika Biblia, tunakutana na mifano mingi ya madhabahu ambayo familia na viongozi walijenga kama ishara ya imani yao kwa Mungu na utii wao kwa Neno lake.

Madhabahu hizi hazikuwa tu miundo ya kimwili bali pia alama za kiroho zilizoonyesha uwepo wa Mungu, toba, na kujitolea.

Katika sura hii, tutachunguza umuhimu wa kiteolojia wa madhabahu za kifamilia kwa kutumia mifano kutoka kwa Biblia, na jinsi masomo haya yanaweza kutumika kwa familia za leo.

---

1. Umuhimu wa Kiteolojia wa Madhabahu

(a) Mahali pa Kukutana na Mungu

Madhabahu za kifamilia zilikuwa mahali ambapo watu walikutana na Mungu kwa maombi, ibada, na dhabihu.

- **Mwanzo 12:7:** *"Bwana akamtokea Abramu, akasema, Uzao wako nitawapa nchi hii. Naye huko akamjengea Bwana madhabahu aliyemtokea."* Hii inaonyesha kwamba madhabahu ilikuwa mahali pa kupata maelekezo na uthibitisho wa ahadi za Mungu.

(b) Ishara za Utii

Kujenga madhabahu kulionyesha utii wa kiroho kwa Mungu. Wale waliomjengea Mungu madhabahu walithibitisha kuwa wako tayari kufuata mwongozo wake.

- **Mwanzo 22:9:** Abrahamu alipomtoa Isaka kama dhabihu, alionyesha utii wake wa hali ya juu kwa Mungu, hata kwa mambo yaliyokuwa magumu kueleweka.

(c) Mahali pa Toba

Madhabahu zilikuwa mahali pa kutubu dhambi na kutafuta msamaha wa Mungu kupitia dhabihu za wanyama.

- **Mambo ya Walawi 17:11:** *"Kwa kuwa uhai wa mwili u katika hiyo damu; nami nimewapa hiyo juu ya madhabahu ili kufanya upatanisho kwa ajili ya nafsi zenu..."*

(d) Alama za Agano

Madhabahu zilithibitisha maagano kati ya Mungu na watu wake. Kupitia madhabahu, Mungu alikumbusha watu wake juu ya ahadi zake.

- **Mwanzo 15:18:** *"Siku ile Bwana akafanya agano na Abramu..."*

---

2. *Mifano ya Kibiblia ya Madhabahu za Kifamilia*

(a) Madhabahu ya Noah

Baada ya gharika, Nuhu alimjengea Mungu madhabahu kama ishara ya shukrani na uthibitisho wa agano jipya.

- **Mwanzo 8:20-21:** *"Nuhu akamjengea Bwana madhabahu..."*

(b) Madhabahu za Abrahamu

Abrahamu alijenga madhabahu mara kadhaa ili kuimarisha uhusiano wake na Mungu:

1. **Shekemu (Mwanzo 12:7):** Ishara ya ahadi ya ardhi.
2. **Betheli (Mwanzo 12:8):** Mahali pa maombi na ibada.
3. **Mlima Moria (Mwanzo 22:9):** Ishara ya utii wa hali ya juu na dhabihu.

(c) Madhabahu ya Gideoni

Gideoni alibomoa madhabahu ya Baali na kujenga madhabahu kwa Mungu.

- **Waamuzi 6:24:** *"Ndipo Gideoni akamjengea Bwana madhabahu hapo, akapaita jina lake, Bwana ni Amani..."*

(d) Madhabahu ya Elia

Elia alijenga upya madhabahu ya Bwana ili kuthibitisha ukuu wa Mungu juu ya miungu ya uongo.

- **1 Wafalme 18:30-39:** *"Elia akajenga madhabahu kwa jina la Bwana..."*

---

3. Madhabahu za Kifamilia kwa Familia za Kisasa

(a) Mahali pa Maombi ya Pamoja

Familia za leo zinaweza kujenga madhabahu za kiroho kupitia maombi ya kila siku pamoja kama familia.

- **Mathayo 18:20:** *"Kwa kuwa walipo wawili watatu wamekusanyika kwa jina langu, nami nipo hapo katikati yao."*

(b) Kukumbuka Baraka za Mungu

Madhabahu za kifamilia zinasaidia familia kukumbuka na kushukuru baraka za Mungu.

(c) Kujitolea kwa Mungu

Kama ilivyokuwa kwa Abrahamu, madhabahu za kifamilia zinapaswa kuwa ishara ya kujitolea kwa Mungu na maisha safi ya ibada.

---

4. Umuhimu wa Kiteolojia kwa Familia za Leo

(a) Kuthibitisha Agano na Mungu

Kujenga madhabahu za kiroho ni njia ya kudumisha uhusiano wa kiroho na Mungu, kama ilivyokuwa kwa Abrahamu na Noah.

(b) Kuondoa Madhabahu Zisizo za Kimungu

Kama Gideoni, familia zinapaswa kubomoa madhabahu zote za kishetani na kuhakikisha kuwa ibada zao zinalenga Mungu pekee.

- **2 Wakorintho 10:4:** *"Silaha za vita vyetu si za mwili, bali zina uwezo katika Mungu hata kuangusha ngome."*

(c) Kudumisha Utakatifu wa Familia

Madhabahu za kifamilia husaidia familia kudumisha maisha ya utakatifu, maombi, na shukrani kwa Mungu.

---

5. Uchambuzi wa Kimaandiko kwa Msaada wa Exhaustive Concordance

- **Madhabahu (Altar):** Neno la Kiebrania *mizbeach* linamaanisha mahali pa dhabihu.
- **Agano (Covenant):** Neno la Kiebrania *berith* lina maana ya makubaliano ya kiroho.
- **Dhabihu (Sacrifice):** Neno la Kiebrania *zebach* linaashiria toleo kwa Mungu kwa ibada.

Madhabahu za kifamilia zina umuhimu wa kipekee katika maisha ya kiroho ya watu na familia. Kupitia mifano ya Nuhu, Abrahamu, Gideoni, na Elia, tunaona kwamba madhabahu zilikuwa mahali pa ibada, toba, na uthibitisho wa agano. Familia za leo zinapaswa kujifunza kujenga madhabahu za kiroho kupitia maombi, ushirikiano wa kifamilia, na kujitolea kwa Mungu.

Katika sura inayofuata, tutazungumzia jinsi familia zinaweza kuimarisha madhabahu zao za kiroho kwa Neno la Mungu na ibada za kila siku.

SEHEMU YA 07

ISHARA ZINAZOONYESHA FAMILIA YAKO IKO CHINI YA MSHIKO WA MADHABAHU ZISIZO ZA KIMUNGU

Mifumo ya Umaskini, Kushindwa, au Vifo vya Mapema

Madhabahu zisizo za kimungu zinaweza kuathiri familia moja kwa moja, zikileta changamoto za kiroho na kimwili ambazo zinaathiri maisha ya kizazi baada ya kizazi. Madhabahu hizi, zinazojengwa kupitia dhambi, ibada za sanamu, au maagano yasiyo ya kimungu, hufungua milango kwa nguvu za kishetani kushawishi familia. Ishara za familia kuwa chini ya mshiko wa madhabahu zisizo za kimungu zinaweza kuonekana kupitia mifumo ya umaskini, kushindwa mara kwa mara, vifo vya mapema, na hali nyingine zisizokuwa za kawaida.

Katika sura hii, tutaangalia kwa undani ishara za wazi zinazoonyesha kwamba familia inaweza kuwa chini ya madhabahu zisizo za kimungu, athari zake, na njia za kuvunja ushawishi huo kupitia Neno la Mungu na maombi.

---

1. Mifumo ya Umaskini

Madhabahu zisizo za kimungu mara nyingi hujidhihirisha kupitia hali ya umaskini wa kudumu, ambapo familia haijawahi kufanikiwa kifedha licha ya juhudi nyingi.

Ishara za Umaskini wa Kiroho na Kimwili

1. Kutokuwepo kwa maendeleo ya kifedha hata baada ya juhudi nyingi.
2. Madeni yasiyoisha yanayoendelea kizazi hadi kizazi.
3. Kukosa rasilimali za msingi kwa familia, hata wakati fursa zinapatikana.

Mfano wa Kibiblia

- **Hagai 1:6:** *"Mmeotesha mbegu nyingi, mkavuna haba; mnakula, lakini hamshibi; mnakunywa, lakini hamkujazwa; mnavaa, lakini hakuna awakaaye moto..."*

Hii inaonyesha jinsi madhabahu zisizo za kimungu zinaweza kuzuia baraka za kifedha kwa familia.

---

2. Mifumo ya Kushindwa

Kushindwa mara kwa mara, hasa katika maeneo muhimu ya maisha kama ndoa, elimu, au kazi, ni ishara nyingine ya familia kuwa chini ya madhabahu zisizo za kimungu.

Ishara za Kushindwa

1. Kutoweza kufanikisha malengo, hata yale rahisi.
2. Kukutana na vizuizi vya mara kwa mara bila sababu ya wazi.

3. Kuthibitishwa kwa kushindwa katika kila kizazi cha familia.

Mfano wa Kibiblia

- **Kumbukumbu la Torati 28:20:** *"Bwana atakuletea laana, shida, na maangamizo katika kila jambo utakaloshughulikia..."*

Hii inaonyesha jinsi kushindwa kunaweza kuwa matokeo ya uasi wa kiroho au madhabahu zisizo za kimungu.

---

3. Vifo vya Mapema

Madhabahu zisizo za kimungu pia zinaweza kusababisha mfululizo wa vifo visivyokuwa vya kawaida au vya mapema katika familia.

Ishara za Vifo vya Mapema

1. Vifo vinavyotokea kwa ghafla, hasa katika kizazi kimoja baada ya kingine.
2. Magonjwa yasiyoeleweka yanayosababisha vifo vya ghafla.
3. Ajali za mara kwa mara zinazosababisha vifo kwa familia moja.

Mfano wa Kibiblia

- **Ayubu 1:18-19:** Familia ya Ayubu ilipitia maafa makubwa wakati watoto wake walipofariki kwa ghafla kutokana na upepo mkali uliosababisha nyumba kuanguka. Hii ilikuwa jaribio la kishetani lililolenga kuangamiza familia yake.

---

4. Athari za Madhabahu Zisizo za Kimungu

(a) Kukosa Baraka za Mungu

Familia inayoshikiliwa na madhabahu zisizo za kimungu inashindwa kupokea baraka za Mungu.

- **Yeremia 5:25:** *"Maovu yenu yamezuia haya, na dhambi zenu zimewazuilia mema."*

(b) Minyororo ya Kiroho

Madhabahu hizi huanzisha minyororo ya kiroho inayosababisha vizazi kuendelea katika hali ya kushindwa.

(c) Kuishi Maisha Yasiyo na Kusudi

Familia zinazoshikiliwa na madhabahu zisizo za kimungu mara nyingi zinakosa kuelewa au kufikia kusudi la Mungu maishani mwao.

---

5. Jinsi ya Kutambua Mshiko wa Madhabahu Zisizo za Kimungu

(a) Uchambuzi wa Kihistoria wa Familia

Angalia mifumo inayojirudia katika familia yako, kama umaskini, kushindwa, au vifo vya mapema.

(b) Maombi ya Kufunuliwa

Omba Mungu akuonyeshe mizizi ya kiroho inayosababisha changamoto za familia yako.

- **Zaburi 139:23-24:** *"Ee Mungu, nichunguze, uujue moyo wangu..."*

---

6. Kuvunja Mshiko wa Madhabahu Zisizo za Kimungu

(a) Kutubu Dhambi

Toba ni hatua ya kwanza ya kuvunja madhabahu zisizo za kimungu.

- **2 Mambo ya Nyakati 7:14:** *"Ikiwa watu wangu... wataziacha njia zao mbaya; ndipo nitawasikia kutoka mbinguni..."*

(b) Kuomba Kuvunja Minyororo

Omba kwa jina la Yesu ili kuvunja kila madhabahu ya giza inayoshikilia familia yako.

- **Luka 10:19:** *"Nimewapa amri ya kukanyaga nyoka na nge, na nguvu zote za yule adui..."*

(c) Kujenga Madhabahu za Kimungu

Anzisha maombi ya familia, usomaji wa Neno, na ibada za kumheshimu Mungu.

- **Yoshua 24:15:** *"Lakini mimi na nyumba yangu tutamtumikia Bwana."*

---

7. Uchambuzi wa Kimaandiko kwa Msaada wa Exhaustive Concordance

- **Umaskini (Poverty):** Neno la Kiebrania *machsor* lina maana ya kukosa au kuwa na upungufu.
- **Kushindwa (Failure):** Neno la Kiebrania *naphal* lina maana ya kuanguka au kushindwa.
- **Baraka (Blessing):** Neno la Kiebrania *barak* linaashiria neema na utoaji wa Mungu.

Madhabahu zisizo za kimungu zinaweza kuathiri familia kupitia umaskini, kushindwa, na vifo vya mapema. Hata hivyo, familia zinaweza kuvunja mshiko wa madhabahu hizi kwa kutubu, kuomba, na kujenga madhabahu za kimungu zinazoheshimu Mungu. Kupitia Yesu Kristo, familia zinaweza kupata uhuru wa kiroho na baraka ambazo Mungu amekusudia kwao.

Katika sura inayofuata, tutaeleza jinsi familia zinaweza kujenga na kudumisha madhabahu za kimungu kwa ajili ya vizazi vyao vijavyo.

Mashambulizi ya Kiroho Yasiyojulikana au Kukwama

Nini Mashambulizi ya Kiroho?

Katika maisha ya kiroho, mashambulizi ya kishetani ni hali ambayo watu wengi hukutana nayo, lakini mara nyingi huwa ni vigumu kuelewa au kubaini chanzo chake. Mashambulizi haya ya kiroho yanaweza kujidhihirisha kwa njia mbalimbali, ikiwa ni pamoja na kukwama maishani, migogoro isiyokwisha, au majaribu ya kiroho yanayoonekana kuwa ya kawaida lakini hayana majibu ya wazi. Mashambulizi haya yanaweza kuwa ya ghafla au ya polepole, lakini yote yana lengo la kuzuia ukuaji wa kiroho, kuvuruga amani ya ndani, na kuzuia familia au mtu binafsi kutoka kwa makusudi ya Mungu.

Katika sura hii, tutachunguza ni nini mashambulizi ya kiroho, dalili zake, na jinsi ya kutambua na kushinda mashambulizi haya kupitia ufanisi wa maombi, toba, na Neno la Mungu.

---

1. Nini Mashambulizi ya Kiroho?

Mashambulizi ya kiroho ni shambulio lolote la kiroho linalofanywa na nguvu za kishetani ili kuzuilia au kudhoofisha maisha ya kiroho ya mtu. Mashambulizi haya yanaweza kuja kwa njia ya mitihani, mapigano ya kiakili, au changamoto zinazozuia maendeleo ya kiroho na kimwili.

(a) Uvamizi wa Nguvu za Giza

Mashambulizi ya kiroho mara nyingi husababishwa na nguvu za giza zinazoshambulia mtu binafsi au familia. Hii inaweza kuwa katika hali ya ugumu wa kifedha, magonjwa ya ghafla, au migogoro isiyokwisha.

(b) Kelele za Kiakili

Pia mashambulizi ya kiroho yanaweza kujidhihirisha kwa fikra za kushindwa, hofu, au hasira ambazo hazina msingi halisi. Hii ni ishara ya vita vya kiakili vinavyoletwa na nguvu za giza.

(c) Kupoteza Uhusiano na Mungu

Mashambulizi haya ya kiroho pia yanaweza kuonekana kama kupoteza hamu ya kusoma Neno la Mungu, kuomba, au kuhudhuria ibada. Hii inadhihirisha kuzuiwa kwa uhusiano wa kiroho kati ya mtu na Mungu.

---

2. Dalili za Mashambulizi ya Kiroho

(a) Kukwama Maishani

Hali ya kukwama maishani ni moja ya dalili kubwa za mashambulizi ya kiroho. Hii inahusisha kushindwa kusonga mbele katika maeneo muhimu ya maisha kama ndoa, kazi, na afya.

- **Waefeso 6:12:** *"Kwa maana hatufanyi vita na damu na nyama, bali na wakuu, na majeshi ya roho za uovu..."*
  Dalili hizi zinaonyesha upinzani wa kiroho unaozuia mafanikio ya kimwili.

(b) Migogoro ya Mara kwa Mara

Kama familia au mtu binafsi anapitia migogoro isiyokwisha, inaweza kuwa ni ishara ya mashambulizi ya kiroho. Migogoro hii mara nyingi haieleweki na haijali chanzo chake halisi.

- **Mathayo 12:25:** *"Kama ufalme unavyogawanyika kwa nafsi dhidi ya nafsi, ufalme huo hautasimama."*
  Hii inaonyesha kwamba mgawanyiko wa kiroho unaweza kusababisha mgogoro wa mara kwa mara.

(c) Ugumu wa Maombi

Pia mashambulizi ya kiroho yanaweza kuonyeshwa kwa ugumu wa kuomba au kufanya ibada. Hii ni kwa sababu roho za giza zinapojaribu kuzuia mtu kuwasiliana na Mungu.

- **Zaburi 38:15:** *"Kwa maana mimi ni mgonjwa, na maumivu yangu hayana neno; moyo wangu unashindwa."*

---

3. Sababu za Mashambulizi ya Kiroho

(a) Dhambi na Madhabahu za Kishetani

Dhambi na kushiriki katika madhabahu zisizo za kimungu ni sababu kuu zinazoweza kusababisha mashambulizi ya kiroho. Kila dhambi inayofanywa bila kutubu inaweza kuwa mlango wa kushambuliwa na nguvu za giza.

- **Waefeso 4:27:** *"Wasiendelee kutenda dhambi, wala kutupa nafasi kwa shetani."*

(b) Kutojiweka katika Maombi na Neno la Mungu

Kutojitolea kwa maombi na Neno la Mungu ni moja ya sababu kubwa zinazoweza kuruhusu mashambulizi ya kiroho kuingia katika maisha ya mtu.

- **1 Petro 5:8:** *"Kuwa na kiasi, uangalie; adui yenu Ibilisi hutembea kama simba angurumaye, akitafuta kummeza."*

(c) Kufunga Milango kwa Kumbukumbu za Kizazi

Mashambulizi ya kiroho yanaweza kuletwa na madhabahu za giza za familia, ambazo zinarithiwa kutoka kwa mababu. Hii inaweza kusababisha mashambulizi ya kishetani kwa vizazi vingi.

- **Kutoka 20:5:** *"Nawapatiliza wana maovu ya baba zao hata kizazi cha tatu na cha nne cha wanichukiao."*

---

4. Mikakati ya Kushinda Mashambulizi ya Kiroho

(a) Kutambua na Kubaini

Hatua ya kwanza ni kutambua na kubaini mashambulizi ya kiroho yanayoshambulia maisha yako. Hii inahusisha kuchunguza mifumo ya maisha yako na familia yako.

- **Zaburi 139:23-24:** *"Ee Mungu, nichunguze, uujue moyo wangu; unijaribu, uyajue mawazo yangu."*

(b) Kutubu na Kuomba

Toba ni hatua muhimu ya kushinda mashambulizi ya kiroho. Kila dhambi inayozuiwa na kutubu hufungua mlango kwa baraka na ulinzi wa Mungu.

- **1 Yohana 1:9:** *"Tukiziungama dhambi zetu, yeye ni mwaminifu na wa haki hata atuondolee dhambi zetu..."*

(c) Kuvunja Minyororo ya Kiroho kwa Nguvu ya Yesu

Kwa msaada wa nguvu za Yesu Kristo, tunaweza kuvunja minyororo ya kiroho inayoshikilia familia au maisha yetu.

- **Luka 10:19:** *"Tazama, nimewapa amri ya kukanyaga nyoka na nge, na nguvu zote za yule adui; wala hakuna kitu kitakachowadhuru."*

(d) Kujenga Uhusiano wa Karibu na Mungu

Kujenga maisha ya maombi ya familia na kumtegemea Mungu kwa kila jambo ni njia bora ya kushinda mashambulizi ya kiroho.

- **Mathayo 6:9-13:** *"Baba yetu uliye mbinguni, jina lako litukuzwe..."*

---

5. Uchambuzi wa Kimaandiko kwa Msaada wa Exhaustive Concordance

- **Mashambulizi (Attacks):** Neno la Kiebrania *tsarar* linamaanisha kushambuliwa au kushikiliwa kwa nguvu za kishetani.
- **Kuvunjwa (Breaking):** Neno la Kiebrania *patah* linamaanisha kuondoa vizuizi au kuvunja minyororo ya kishetani.
- **Kushinda (Overcoming):** Neno la Kiebrania *natsal* linamaanisha kushinda au kuponyoka kutoka kwa adui.

Mashambulizi ya kiroho ni vita vya kiroho ambavyo familia na watu binafsi wanakutana navyo katika safari yao ya kiroho. Hata hivyo, kupitia toba, maombi, na msaada wa Yesu Kristo, tuna uwezo wa kushinda mashambulizi haya na kurejesha amani ya kiroho katika maisha yetu. Familia na watu wa Mungu wanapaswa kutambua vikwazo vya kiroho, kuvunja minyororo ya giza, na kujenga uhusiano wa karibu na Mungu ili kushinda vita hivi vya kiroho.

Katika sura inayofuata, tutaangazia jinsi ya kujenga ulinzi wa kiroho wa kudumu kupitia ibada ya familia na ushirikiano na Mungu.

Utegemezi Unaorudiarudia au Mahusiano yaliyovunjika

Utegemezi unaorudiarudia na mahusiano yaliyovunjika ni changamoto za kiroho na kihisia ambazo zinaweza kuathiri familia na maisha ya mtu binafsi kwa muda mrefu. Utegemezi wa vilevi, dawa za kulevya, kamari, au hata tabia mbaya kama vile matumizi mabaya ya fedha, ni mifano ya utegemezi unaorudiarudia. Aidha, mahusiano yaliyovunjika—iwe ni ndoa, urafiki, au uhusiano wa kifamilia—yanaweza kuwa na athari kubwa kwa maisha ya kiroho na kisaikolojia. Katika sura hii, tutachunguza ni nini chanzo cha utegemezi na mahusiano yaliyovunjika, dalili zake, na jinsi ya kushinda changamoto hizi kwa msaada wa Mungu.

---

1. Utegemezi Unaorudiarudia

(a) Nini Utegemezi?

Utegemezi ni hali ya kutokuwa na uwezo wa kudhibiti au kusimamisha tabia fulani inayosababisha madhara kwa mwili, akili, na roho. Hali hii mara nyingi hutokea kwa sababu ya kujikubali kwa hisia za muda mfupi, kama vile furaha ya kufanya jambo fulani, hata kama linajua kuwa linahitaji kuvunja maadili ya kiroho na kimwili.

Utegemezi unaweza kuwa na sura nyingi, ikiwa ni pamoja na:

- **Utegemezi wa Pombe na Dawa za Kulevya:** Hii ni hali ya kumtegemea pombe, sigara, au dawa za kulevya kama njia ya kukabiliana na maumivu ya kihisia au kisaikolojia.
- **Utegemezi wa Kamari:** Kuelekea kwenye kamari kama njia ya kutafuta furaha au suluhisho la matatizo ya kifedha au kihisia.
- **Utegemezi wa Tabia mbaya (Social media, kazi, nk):** Tabia zinazokufanya kuwa na utegemezi kwa vitu vya nje ili kujijenga au kujihisi bora.

(b) Dalili za Utegemezi

1. **Kukosa Udhibiti:** Kuingia na kutoka kwa tabia hiyo bila uwezo wa kuzuia au kudhibiti.
2. **Upungufu wa Furaha ya Kudumu:** Hata kama unapata furaha au faraja kwa muda, unajikuta unarudi tena kwenye hali ile ile ya utegemezi.
3. **Athari Kwa Afya au Uhusiano:** Utegemezi unavyoendelea, huathiri afya yako kimwili, kiakili, na kihisia, na mara nyingi huleta matatizo katika mahusiano yako.
4. **Hofu ya Kukosa**: Kuwepo na hofu na wasiwasi unaposhindwa kupata kitu hicho unachotegemea au kufanya.

(c) Sababu za Utegemezi Unaorudiarudia

1. **Upungufu wa Imani ya Ki-Mungu:** Watu wengi huanguka katika utegemezi kwa sababu wanakosa kutegemea Mungu kwa nguvu za kiroho.

2. **Madhabahu za Kishetani:** Utegemezi unaweza kutokea kama matokeo ya madhabahu za kishetani zinazoshikilia familia, na kuzifanya kuwa na mizizi ya utegemezi.
3. **Majeraha ya Kihisia:** Watu wanapokutana na maumivu au majeraha ya kihisia, mara nyingi hutafuta njia rahisi ya kukabiliana na hayo, na hii inaweza kuwa njia ya utegemezi.

---

2. Mahusiano Yaliyovunjika

(a) Nini Mahusiano Yaliyovunjika?

Mahusiano yaliyovunjika yanaweza kuwa ya aina yoyote—ndoa, urafiki, au uhusiano wa kifamilia. Hali hii mara nyingi husababishwa na kutokuelewana, kutokuwa na mawasiliano, tamaa ya kudhibiti, au tamaa zisizo na mipaka.

(b) Dalili za Mahusiano Yaliyovunjika

1. **Kutokuelewana Mara kwa Mara:** Kuendelea na migogoro isiyokwisha bila suluhisho lolote.
2. **Kukosa Mawasiliano:** Watu wanaoishi pamoja lakini hawazungumzi wala hawawasiliani kwa njia ya kiroho au kihisia.
3. **Kukosa Uaminifu:** Matendo ya kutokuaminiana na hofu ya udanganyifu au kutokuwa waaminifu.
4. **Mabadiliko ya Hisia:** Kuishi katika uhusiano lakini kuhisi kutokupendwa au kutokuwa na thamani.

(c) Sababu za Mahusiano Yaliyovunjika

1. **Kutokuwa na Msingi wa Kiroho:** Kama hakuna msingi thabiti wa kiroho katika uhusiano, familia na mahusiano ya ndoa yanakutana na changamoto za kimaadili na kiroho.
2. **Dhambi na Uasi wa Ki-Mungu:** Dhambi, kama vile hila, uongo, au uchoyo, zinaweza kuvunja uhusiano wa familia na ndoa.

3. **Vitu vya Kigeni (Madhabahu za Kishetani):** Madhabahu za kishetani, kama vile ibada za sanamu au dhambi za urithi, huchangia kuvuruga uhusiano wa familia.

4. **Kutokutafuta Msamaha:** Watu wengi wanashindwa kusamehe na kumaliza migogoro, jambo linalosababisha uharibifu wa uhusiano.

---

3. Jinsi ya Kushinda Utegemezi Unaorudiarudia na Mahusiano Yaliyovunjika

(a) Kutubu na Kurekebisha

Kutubu dhambi na kuomba msamaha ni hatua ya kwanza ya kuachana na utegemezi unaorudiarudia na kurejesha mahusiano yaliyovunjika.

- **1 Yohana 1:9:** *"Tukiziungama dhambi zetu, yeye ni mwaminifu na wa haki hata atuondolee dhambi zetu, na kutusafisha na udhalimu wote."*

(b) Kujenga Msingi wa Imani

Kujenga uhusiano wa kiroho na Mungu kwa ushirikiano wa familia na usomi wa Neno la Mungu ni muhimu katika kushinda changamoto hizi.

- **Mathayo 7:24:** *"Kwa hivyo kila asikilizaye maneno yangu, na kuyatenda, atafananishwa na mtu mwenye hekima, aliyemjengea nyumba yake juu ya mwamba."*

(c) Maombi na Ushirika

Kufanya maombi ya pamoja na kuwa na ushirika wa kiroho ni muhimu katika kuvunja minyororo ya utegemezi na kurejesha mahusiano.

- **Mathayo 18:19-20:** *"Tena nawaambieni, ikiwa wawili wenu wakiomba kitu chochote juu ya dunia, watafanya... kwa kuwa mimi nipo kati yao."*

(d) Kuondoa Madhabahu za Kishetani

Kama familia, ni muhimu kubomoa madhabahu za kishetani zinazohusiana na dhambi za urithi na kuanzisha madhabahu za kimungu kwa maombi na ibada.

- **2 Wakorintho 10:4-5:** *"Silaha za vita vyetu si za mwili, bali zina uwezo katika Mungu hata kuangusha ngome..."*

---

4. Uchambuzi wa Kimaandiko kwa Msaada wa Exhaustive Concordance

- **Utegemezi (Addiction):** Neno *'ya'* linahusiana na kujikuta ukitegemea kitu fulani kwa muda mrefu.
- **Uhusiano (Relationship):** Neno *'berith'* linahusiana na agano au ushirikiano wa kiroho kati ya watu wawili.
- **Msamaha (Forgiveness):** Neno *'salach'* linahusiana na kuachilia dhambi au makosa.

Utegemezi unaorudiarudia na mahusiano yaliyovunjika ni changamoto kubwa katika maisha ya kiroho. Lakini, kwa msaada wa Mungu, toba, maombi, na kujitolea kwa Neno la Mungu, tunaweza kuvunja minyororo ya utegemezi na kurejesha uhusiano wa familia. Mungu anataka familia kuwa na maelewano, amani, na maendeleo ya kiroho. Familia za leo zinaweza kujifunza kutoka kwa mifano ya kibiblia na kujenga uhusiano wa kweli na Mungu, wakishinda majaribu na changamoto zinazowakabili.

Katika sura inayofuata, tutaeleza jinsi ya kujenga na kudumisha uhusiano mzuri na Mungu na familia kupitia ibada za kiroho na ushirikiano wa familia.

SEHEMU YA 08

Jinsi ya Kuvunja Madhabahu za Kifamilia

Uhamasishaji wa Kiroho na Utofauti wa Roho:

Madhabahu za kifamilia ni sehemu za kiroho ambazo zinaweza kuathiri familia kwa njia mbaya ikiwa hazijarekebishwa. Madhabahu hizi zinaweza kuwa za kimungu, ambapo familia inaabudu Mungu wa kweli, au zisizo za kimungu, ambapo familia inashikilia desturi, ibada za sanamu, au maagano yasiyo ya kimungu. Kuvunja madhabahu za kishetani ni mchakato wa kiroho wa kuondoa minyororo ya giza, kuzifuta nguvu za kishetani, na kurejesha familia kwa Mungu wa kweli. Katika sura hii, tutaangazia jinsi ya kutambua maeneo ya mapigano katika familia yako na hatua za kuchukua kuvunja madhabahu zisizo za kimungu.

1. Kuelewa Madhabahu za Kifamilia

Madhabahu za kifamilia ni alama za kiroho ambazo zinaweza kujengwa kupitia mazoea ya kizazi, dhambi, ibada za sanamu, au maagano yasiyo ya kimungu. Familia nyingi zinaweza kuathiriwa na madhabahu hizi bila kujua, na dalili za athari hizi zinaweza kujidhihirisha katika maeneo muhimu kama umaskini, kushindwa, vifo vya mapema, migogoro isiyokwisha, na utengano wa familia.

Madhabahu za kishetani huleta minyororo ya kiroho, ambapo familia inaendelea kukumbana na changamoto zinazojirudia kutoka kizazi kimoja hadi kingine. Hii inasababisha familia kudumu katika hali ya kutokufanikiwa, kukwama, na kutoweza kupokea baraka za Mungu.

---

2. Kujua Maeneo ya Mapigano Katika Familia

Hatua ya kwanza katika kuvunja madhabahu za kifamilia ni kutambua maeneo ya mapigano yanayojirudia katika familia yako. Katika familia nyingi, mapigano haya yanaweza kujidhihirisha katika mifumo ya kiroho, kifedha, kiafya, na kijamii.

(a) Mapigano ya Kiroho

1. **Migogoro ya Kiimani:** Hii ni migogoro inayohusiana na imani ya familia kwa Mungu. Inaweza kuhusisha kutokuwa na maombi ya pamoja, kushindwa kushirikiana katika ibada, au kupoteza hamu ya kiroho.
2. **Uasi wa Kiroho:** Familia inayoshikilia madhabahu zisizo za kimungu inakumbana na mapigano ya kiroho ambayo yanazuia uhusiano wao na Mungu.
3. **Kutokuwa na Utakatifu:** Uwepo wa dhambi kama vile wizi, uongo, au ushirikina ni ishara kwamba familia inaweza kuwa chini ya madhabahu zisizo za kimungu.

(b) Mapigano ya Kifedha

1. **Umaskini wa Kudumu:** Familia inashindwa kupata mafanikio kifedha licha ya juhudi kubwa.

2. **Hali ya Kifedha isiyojaa Amani:** Familia inaweza kupata matatizo ya kifedha ambayo yanaonekana kuwa yasiyo na sababu au yaliyohusishwa na laana za kiroho.

(c) Mapigano ya Kiafya

1. **Magonjwa ya Mara kwa Mara:** Familia inayokumbwa na magonjwa sugu au magonjwa yasiyopona inaweza kuwa chini ya madhabahu za kishetani.
2. **Vifo vya Mapema:** Familia inayoshuhudia vifo vya ghafla au vya mapema inaweza kuwa na mizizi ya kiroho inayohusiana na madhabahu za kishetani.

(d) Mapigano ya Mahusiano

1. **Migogoro ya Ndoa:** Familia inayokumbana na migogoro ya ndoa au talaka za mara kwa mara inaweza kuwa na madhabahu zisizo za kimungu zinazoathiri familia.
2. **Kutokuwa na Umoja wa Familia:** Ukosefu wa maelewano katika familia unaweza kuwa ishara ya madhabahu ya kishetani inayoharibu uhusiano wa kifamilia.

---

3. Hatua za Kuchukua Kuvunja Madhabahu za Kifamilia

(a) Kutambua na Kubaini Madhabahu za Kishetani

Hatua ya kwanza ni kutambua madhabahu za kishetani katika familia yako. Hii inahitaji kujitolea kwa maombi, tafakari, na kuchunguza historia ya familia yako.

- **Zaburi 139:23-24:** *"Ee Mungu, nichunguze, uujue moyo wangu; unijaribu, uyajue mawazo yangu."*

Kwa kupitia maombi ya tafakari, familia inaweza kubaini maeneo yaliyoshikiliwa na nguvu za giza na kuyakabidhi kwa Mungu.

(b) Kutubu na Kuomba Msamaha

Toba ni hatua muhimu katika kuvunja madhabahu za kishetani. Familia inapaswa kutubu kwa dhambi zilizofanywa na mababu na viongozi wa familia.

- **1 Yohana 1:9:** *"Tukiziungama dhambi zetu, yeye ni mwaminifu na wa haki hata atuondolee dhambi zetu..."*
- Hii inatoa fursa ya kuvunja minyororo ya dhambi na kuanzisha uhusiano wa kiroho wa kweli na Mungu.

(c) Kuvunja Madhabahu kwa Nguvu za Yesu

Yesu Kristo anatoa nguvu ya kushinda nguvu za kishetani. Kwa kutumia jina la Yesu, familia inaweza kuvunja madhabahu za kishetani.

- **Luka 10:19:** *"Tazama, nimewapa amri ya kukanyaga nyoka na nge, na nguvu zote za yule adui..."* Hii inathibitisha kwamba kupitia Yesu, tunaweza kuvunja minyororo ya kiroho na kuanzisha amani na mafanikio ya kiroho.

(d) Kujenga Madhabahu za Kimungu

Baada ya kuvunja madhabahu za kishetani, familia inapaswa kujenga madhabahu za kimungu. Hii inajumuisha maombi ya familia, ibada ya pamoja, na kujitolea kwa Neno la Mungu.

- **Yoshua 24:15:** *"Lakini mimi na nyumba yangu tutamtumikia Bwana."*
- Hii ni ishara ya kujitolea kwa Mungu na kumtegemea kwa kila jambo.

---

4. Uchambuzi wa Kimaandiko kwa Msaada wa Exhaustive Concordance

- **Madhabahu (Altar):** Neno *mizbeach* linahusiana na mahali pa dhabihu, ibada, na maombi.

- **Toba (Repentance):** Neno *shub* linahusiana na kurejea kwa Mungu kwa moyo wa unyenyekevu.
- **Nguvu (Power):** Neno *dunamis* linahusiana na nguvu za kimungu zinazotolewa kwa ajili ya kushinda majaribu.

Kuvunja madhabahu za kifamilia ni mchakato wa kiroho unaohitaji utambuzi wa maeneo ya mapigano na hatua za kivitendo za kurejesha familia kwa Mungu. Kupitia maombi, toba, na kujitolea kwa ibada ya kweli, familia zinaweza kuvunja nguvu za kishetani na kufungua milango ya baraka na mafanikio. Familia za leo zinapaswa kujenga madhabahu za kimungu zinazohakikisha amani, utulivu, na mafanikio ya kiroho kwa vizazi vijavyo.

Katika sura inayofuata, tutaeleza jinsi ya kudumisha ushindi wa kiroho kwa familia kupitia ibada ya kila siku na ushirikiano wa kiroho.

Toba na Kukataa Dhambi

Kueleza na Kukataa Dhambi Zote Zinazojulikana na Maagano

Toba na kukataa dhambi ni hatua muhimu ya kiroho ambayo inatuwezesha kurejesha uhusiano wetu na Mungu, kuondoa laana, na kupokea msamaha wake. Katika maisha ya kiroho, kila dhambi inayosamehewa inafungua mlango wa baraka na upya wa kiroho. Biblia inatufundisha kuwa toba ya kweli inahusisha si tu kutubu dhambi zetu, bali pia kukataa maagano ya kishetani na mizizi ya dhambi ambazo zimeathiri maisha yetu. Katika sura hii, tutaangazia umuhimu wa kutubu dhambi, kueleza dhambi zote, kukataa maagano yasiyo ya kimungu, na jinsi ya kuanza safari ya kiroho ya upya.

1. Toba: Hatua ya Kurejesha Uhusiano na Mungu

(a) Nini Toba?

Toba ni mchakato wa kutubu dhambi zetu kwa Mungu, kuzikiri mbele yake, na kujitolea kuishi kwa njia inayoendana na mapenzi yake. Toba siyo tu kutambua dhambi bali ni mabadiliko ya moyo na mtindo wa maisha, ambapo tunakubali kurejea kwa Mungu kwa moyo wa kweli. Toba inahusisha kuzungumza kwa mdomo na kugeuza tabia zetu kwa kutii mapenzi ya Mungu.

- **1 Yohana 1:9:** *"Tukiziungama dhambi zetu, yeye ni mwaminifu na wa haki hata atuondolee dhambi zetu, na kutusafisha na udhalimu wote."* Hii inasisitiza kuwa toba ni njia ya msamaha, ambapo Mungu atatusafisha kutokana na udhalimu wetu.

(b) Toba ya Dhambi Zote

Kama tunavyosoma katika Biblia, ni muhimu kutubu dhambi zote, zile tunazozijua na zile ambazo hatujui. Tunapaswa kukiri mbele za Mungu kwa dhati na kumtaka msamaha kwa dhambi zote zilizotufanya tuwe mbali na mapenzi yake.

- **Zaburi 51:17:** *"Dhabihu za Mungu ni roho iliyovunjika; moyo uliovunjika na uliojaa mrembo, Ee Mungu, hutaki dhihaka."*
- Mungu anataka toba ya kweli kutoka kwa mioyo yetu, sio tu kwa maneno.

2. Kukataa Dhambi na Maagano Yasiyo ya Kimungu

(a) Kukataa Maagano Yasiyo ya Kimungu

Katika Biblia, tunaona kuwa maagano yasiyo ya kimungu, kama vile maagano ya kishetani au ya dhambi, yanaweza kufungwa na familia au watu binafsi, na yanasababisha laana za kiroho. Kukataa maagano haya ni hatua muhimu katika kuvunja minyororo ya kishetani inayoshikilia familia na maisha ya mtu binafsi.

- **Kutoka 34:7:** *"Nawapatiliza wana maovu ya baba zao hata kizazi cha tatu na cha nne cha wanichukiao."*
  Hii inaonyesha jinsi madhara ya maagano ya kishetani yanavyoweza kuathiri vizazi vingi.

(b) Kuvunja Maagano Yasiyo ya Kimungu

Kama familia au mtu binafsi amekutana na maagano ya kishetani au ya dhambi, ni muhimu kuvunja maagano haya kwa jina la Yesu. Hii inajumuisha kuzingatia na kusema kwa kinywa kile tunachokataa na kuvunja nguvu za kishetani zinazoshikilia maisha yetu.

- **Yeremia 31:32:** *"Si kama agano langu walilolivunja, hata ingawa nilikuwa mume wao, asema Bwana."*
  Hii inaonyesha kuwa Mungu anataka kuvunja maagano ya dhambi ili kurudisha mahusiano ya kweli.

(c) Kuvunja Madhabahu za Kishetani

Madhabahu za kishetani, kama vile ibada za sanamu, roho za uchawi, au maagano ya familia, zinaweza kuwa chanzo cha utegemezi na laana. Kuvunja madhabahu hizi kwa nguvu za Mungu ni njia muhimu ya kutafuta uhuru wa kiroho.

- **Waamuzi 6:25-26:** *"Basi Bwana akamwambia Gideoni, Twaa ng'ombe wa baba yako, yaani ng'ombe wa pili, aliye wa miaka saba, ukaiangushe madhabahu ya Baali aliyo nayo baba yako..."*
  Hii inaonyesha kuwa kuvunja madhabahu za kishetani ni hatua ya kwanza ya kurejesha uhusiano wa kiroho na Mungu.

---

3. Hatua za Toba na Kukataa Dhambi

(a) Kueleza Dhambi Zote na Kukiri

Kila mtu anapaswa kutambua dhambi zake kwa Mungu na kukiri mbele zake. Ikiwa kuna dhambi ambazo tunajua au ambazo hatujui, tunapaswa kuzikiri na kuzikataa.

- **Waefeso 5:11:** *"Nanyi msiwe washirika wa matendo ya giza yasiyozaa matunda, bali yafichueni."* Tunapozikiri dhambi zetu, tunapaswa kuzikataa na kuziweka mbali na maisha yetu.

(b) Kuomba Msamaha na Kuomba Nguvu za Kiroho

Baada ya kutubu, ni muhimu kuomba msamaha wa Mungu na kuomba nguvu za kiroho ili tuweze kuishi kwa njia inayompendeza.

- **Zaburi 51:10:** *"Uumbue moyo safi ndani yangu, Ee Mungu, na upyae roho thabiti ndani yangu."* Hii inatuonyesha jinsi tunavyohitaji msaada wa Mungu ili kubadilisha mioyo yetu na tabia zetu.

(c) Kupokea Neema ya Mungu

Kwa kutubu, kukiri, na kuomba msamaha, tunaweza kupokea neema ya Mungu. Neema hii inatupa nguvu ya kushinda dhambi na kuishi kwa njia inayompendeza Mungu.

- **Warumi 5:20-21:** *"Lakini ambapo dhambi iliongezeka, neema ilizidi kwa wingi..."* Hii inaonyesha kuwa, licha ya dhambi zetu, neema ya Mungu inatuwezesha kuishi kwa upya na kumtumikia.

---

4. Uchambuzi wa Kimaandiko kwa Msaada wa Exhaustive Concordance

- **Toba (Repentance):** Neno la Kiebrania *shub* linamaanisha kurejea au kugeuza njia yako kwa Mungu.
- **Maagano (Covenants):** Neno la Kiebrania *berith* linamaanisha makubaliano ya kiroho na Mungu.
- **Msamaha (Forgiveness):** Neno la Kiebrania *salach* linahusiana na kuachilia dhambi au makosa.

- **Nguvu (Power):** Neno la Kiebrania *dunamis* linahusiana na nguvu za kiroho zinazotolewa kwa ajili ya kushinda majaribu.

Toba na kukataa dhambi ni mchakato muhimu wa kiroho unaohitaji uaminifu na kujitolea kwa Mungu. Kupitia kutubu dhambi zetu zote na kukataa maagano ya kishetani, tunaweza kupata uhuru wa kiroho na kuanzisha maisha ya utakatifu na baraka. Familia na watu wa Mungu wanapaswa kujitahidi kutubu dhambi zao, kukiri mbele ya Mungu, na kuvunja madhabahu za kishetani ili kurejesha uhusiano wao wa kiroho na Mungu.

Katika sura inayofuata, tutaangazia jinsi ya kudumisha maisha ya utakatifu baada ya kutubu na kukataa dhambi.

Kuvunja Laana Kupitia Damu ya Yesu

Tangaza Ukombozi Kupitia Dhabihu ya Kristo (Ufunuo 12:11)

Laana ni moja ya zana kuu zinazotumiwa na shetani ili kushikilia watu katika utumwa wa kiroho, kihisia, na kimwili. Laana hizi zinaweza kutokea kwa njia ya dhambi, maagano yasiyo ya kimungu, au madhabahu za kishetani zilizojengwa katika familia au jamii. Hata hivyo, habari njema ni kwamba, kupitia dhabihu ya Yesu Kristo, tunao uwezo wa kuvunja kila laana na kuishi maisha ya uhuru wa kiroho. Katika sura hii, tutachunguza jinsi damu ya Yesu Kristo inavyoweza kutumika kuvunja laana na kutufanya kuwa huru kutoka kwa nguvu za giza, kupitia maandiko ya Biblia na mifano ya kiroho.

---

1. Damu ya Yesu: Nguvu ya Kuuza Ukombozi

(a) Damu ya Yesu Inaleta Ukombozi

Damu ya Yesu ni nguvu kuu inayotufanya tuwe huru kutoka kwa laana, dhambi, na kila nguvu ya kishetani. Yesu alikufa msalabani ili kutufidia kutoka kwa laana ya dhambi na kufungua njia ya uhusiano wa moja kwa moja na Mungu.

- **Wagalatia 3:13:** *"Kristo alitukomboa kutoka katika laana ya sheria, kwa kufanyika laana kwa ajili yetu..."*
- Hii inatufundisha kuwa damu ya Yesu ni chanzo cha ukombozi wetu kutoka kwa laana yoyote inayoshikilia maisha yetu.

(b) Damu ya Yesu Inaleta Ushindi Juu ya Shetani

Katika Ufunuo 12:11, tunasoma kuhusu ushindi wa waamini juu ya shetani kwa njia ya damu ya Yesu na kwa neno la ushuhuda.

- **Ufunuo 12:11:** *"Nao walimshinda kwa damu ya Mwanakondoo, na kwa neno la ushuhuda wao, wala hawakupenda maisha yao hata kufa."* Hii inaonyesha kuwa damu ya Yesu ni silaha kuu ya kushinda nguvu za shetani na kuvunja kila laana inayoshikilia maisha yetu.

---

2. Jinsi Laana Zinavyoshikilia Maisha Yetu

(a) Laana za Kizazi

Laana za kizazi zinaweza kuathiri vizazi vingi. Hii ni kwa sababu madhabahu za kishetani na maagano ya dhambi yanayofanywa na mababu yanaweza kuendelea na kuathiri familia hadi kizazi cha tatu au cha nne.

- **Kutoka 20:5:** *"Nawapatiliza wana maovu ya baba zao hata kizazi cha tatu na cha nne cha wanichukiao."*

Laana za kizazi ni moja ya madhara makubwa ya nguvu za kishetani zinazohusiana na familia na jamii.

(b) Laana ya Dhambi

Dhambi ya mtu binafsi pia inaweza kuleta laana. Hata kama mtu ameokoka, dhambi ya mara kwa mara inaweza kuleta vizuizi katika maisha yake ya kiroho na kimwili.

- **Warumi 6:23:** *"Kwa maana mshahara wa dhambi ni mauti; bali kipawa cha Mungu ni uzima wa milele katika Kristo Yesu Bwana wetu."* Dhambi inayoshikilia mtu inahusiana na laana ya kiroho na kimwili.

---

3. Kuvunja Laana kwa Damu ya Yesu

(a) Tangaza Ukombozi kwa Damu ya Yesu

Hatua ya kwanza katika kuvunja laana ni kutangaza kwa imani kuwa damu ya Yesu Kristo inatusafisha na kutufanya huru.

- **1 Yohana 1:7:** *"Lakini ikiwa tunatembea katika mwanga kama yeye alivyoko katika mwanga, tuna ushirika pamoja na wao, na damu ya Yesu, Mwana wake, itatusafisha na dhambi zote."*
- Tunapotangaza imani yetu katika damu ya Yesu, tunaamini kwamba damu yake inatusafisha na kutufanya huru kutoka kwa laana yoyote.

(b) Kuvunja Laana za Kizazi

Kwa imani, tunavunja laana za kizazi kupitia damu ya Yesu, akitufanya kuwa huru kutoka kwa vizuizi vya familia.

- **Wagalatia 3:14:** *"Ili baraka za Abrahamu zipate kufika kwa mataifa katika Kristo Yesu, ili tupokee ahadi ya Roho kwa imani."*
- Kupitia damu ya Yesu, tunapata ahadi ya baraka za kiroho na kimwili.

(c) Toba na Kuomba Msamaha

Toba ni hatua muhimu katika kuvunja laana za dhambi. Tunapozikiri dhambi zetu mbele za Mungu, tunaomba msamaha na damu ya Yesu inatusafisha.

- **2 Mambo ya Nyakati 7:14:** *"Ikiwa watu wangu... wataziacha njia zao mbaya; ndipo nitawasikia kutoka mbinguni..."*
- Kwa kutubu dhambi na kumwomba Mungu, tunaweza kuvunja kila laana na kuleta ukombozi wa kiroho katika familia na maisha yetu.

(d) Kuvunja Madhabahu za Kishetani

Kama familia, tunapaswa kuvunja madhabahu za kishetani kwa kutumia damu ya Yesu. Hii inahusisha maombi ya pamoja na kutangaza ufanisi wa damu ya Yesu.

- **Waefeso 6:12:** *"Kwa maana hatufanyi vita na damu na nyama, bali na wakuu, na majeshi ya roho za uovu..."*
- Kwa nguvu ya Yesu, tunaweza kuvunja kila madhabahu ya kishetani na kukataa laana inayoshikilia familia au maisha yetu.

---

4. Uchambuzi wa Kimaandiko kwa Msaada wa Exhaustive Concordance

- **Damu (Blood):** Neno *dam* linahusiana na dhabihu na sakramenti za kimungu zinazotuletea msamaha na ukombozi.
- **Ukombozi (Redemption):** Neno *apolutrosis* linamaanisha kutolewa kutoka kwa utumwa wa dhambi na nguvu za kishetani.
- **Laana (Curse):** Neno *arar* linahusiana na hukumu au maangamizi yanayotokana na dhambi au maagano yasiyo ya kimungu.

Damu ya Yesu Kristo ni nguvu ya kipekee inayoweza kuvunja kila laana na kutufanya kuwa huru. Kwa kutangaza ufanisi wa dhabihu ya Yesu msalabani, tunapata msamaha wa dhambi zetu na nguvu ya kushinda kila nguvu ya kishetani inayoshikilia maisha yetu. Familia za leo zinapaswa kujua kuwa damu ya Yesu inatoa ushindi dhidi ya kila laana na kuleta baraka ya kiroho, kimwili, na kifamilia. Kupitia damu ya Yesu, tunaweza kuvunja minyororo ya giza na kuanzisha maisha ya utakatifu, uhuru, na baraka.

Katika sura inayofuata, tutaangazia jinsi ya kudumisha ushindi wa kiroho na baraka kwa kutumia nguvu ya damu ya Yesu.

Kuanzisha Madhabahu za Kimungu

Jitolea Familia Yako kwa Mungu Kupitia Maombi, Kufunga, na Ibada

---

Madhabahu za kimungu ni sehemu muhimu katika maisha ya kiroho ya familia. Hizi siyo tu miundo ya kimwili, bali pia ni alama za uhusiano wa kiroho kati ya familia na Mungu. Madhabahu za kimungu hutumika kama mahali pa ibada, maombi, na dhabihu kwa Mungu. Kwa familia yoyote inayotaka kuwa na uhusiano wa karibu na Mungu, ni muhimu kujenga madhabahu za kimungu ambazo zitakuwa sehemu ya utakatifu, ibada, na kujitolea kwa Mungu. Katika sura hii, tutaangazia maana ya madhabahu za kimungu, kwa nini ni muhimu, na jinsi familia inaweza kujitolea kwa Mungu kupitia maombi, kufunga, na ibada.

---

1. Nini Madhabahu za Kimungu?

(a) Madhabahu za Kimungu ni Mahali pa Ibada

Madhabahu za kimungu ni mahali ambapo watu wanakusanyika ili kumwabudu Mungu, kutoa dhabihu, na kumtukuza. Hizi ni sehemu za kiroho ambapo familia au watu binafsi wanajitolea kwa Mungu kwa imani na kumtukuza kupitia maombi na ibada.

- **Mwanzo 12:7:** *"Bwana akamtokea Abramu, akasema, Uzao wako nitawapa nchi hii. Naye huko akamjengea Bwana madhabahu aliyemtokea."*

Hii inaonyesha kuwa madhabahu ni sehemu ya kumheshimu Mungu na kutoa ibada.

(b) Madhabahu za Kimungu ni Mahali pa Toba

Madhabahu za kimungu ni mahali pa kutubu dhambi na kuomba msamaha kwa Mungu. Hapa tunapotubu, tunakiri mbele za Mungu na kujitolea kwa upya wa maisha yetu.

- **1 Wafalme 8:46-50:** *"Ili watu wako wakiwa na dhambi, kisha wakiwa wameshindwa, wakiwa wanachoka, na kujua makosa yao, kwa kuwa umewaweka mbali na nchi yao, na wakakiri dhambi zao, basi umemsikia kutoka mbinguni..."*
- Madhabahu za kimungu ni sehemu ya kutafuta msamaha wa Mungu.

(c) Madhabahu za Kimungu ni Mahali pa Maombi na Kuomba Rehema

Familia au watu wanaojitolea kwa Mungu kwa maombi katika madhabahu za kimungu wanapata neema, ulinzi, na mwongozo kutoka kwa Mungu.

- **2 Mambo ya Nyakati 7:14:** *"Ikiwa watu wangu, walioitwa kwa jina langu, watanyenyekea, na kuomba, na kunitafuta uso wangu, na kuziacha njia zao mbaya; ndipo nitawasikia kutoka mbinguni..."* Madhabahu za kimungu ni mahali pa kupata majibu ya maombi.

---

2. Kwa Nini Madhabahu za Kimungu Ni Muhimu?

(a) Madhabahu za Kimungu Zinasaidia Kujenga Uhusiano wa Karibu na Mungu

Madhabahu za kimungu zinatufundisha kumtukuza Mungu na kuishi kwa utii mbele zake. Zinatusaidia kujenga uhusiano wa karibu na Mungu, ambao ni msingi wa maisha yetu ya kiroho.

- **Zaburi 95:6-7:** *"Njoo, tupige teke mbele za Bwana, tuabudu kwa shingo za chini; tuapige magoti mbele za Bwana Muumba wetu."*
- Kwa kumtumikia Mungu katika madhabahu za kimungu, familia inapata nguvu ya kiroho na baraka.

(b) Madhabahu za Kimungu Zinafungua Mlango wa Baraka

Familia zinazojitolea kwa Mungu kupitia madhabahu za kimungu zinaweza kupata baraka za kiroho, kifedha, na kimwili.

- **Malaki 3:10:** *"Leteni zaka kamili nyumbani mwa hazina, ili kuwa na chakula nyumbani mwangu...Nami nitafungua madirisha ya mbinguni, nitatiririsha baraka hata zisizo na nafasi."* Madhabahu za kimungu zinatufungulia njia ya baraka za Mungu.

(c) Madhabahu za Kimungu Zinaondoa Laana

Kujitolea kwa Mungu kupitia madhabahu za kimungu kunatoa nguvu ya kiroho inayobisha laana, dhambi, na maagano yasiyo ya kimungu.

- **Waefeso 6:10-12:** *"Hatufanyi vita na damu na nyama, bali na wakuu, na majeshi ya roho za uovu..."*
Madhabahu za kimungu ni sehemu ya kuvunja minyororo ya kishetani na kuleta ushindi wa kiroho.

---

3. Jinsi ya Kujitolea Familia kwa Mungu Kupitia Maombi, Kufunga, na Ibada

(a) Maombi ya Familia

Familia inapaswa kuanzisha utamaduni wa maombi ya pamoja katika madhabahu za kimungu. Maombi haya yanapaswa kuwa na malengo ya kumtukuza Mungu, kumwomba rehema, na kutafuta mwongozo wake.

- **Mathayo 18:19:** *"Tena nawaambieni, ikiwa wawili wenu wakiomba kitu chochote juu ya dunia, watafanya... kwa kuwa mimi nipo kati yao."* Kwa maombi ya pamoja, familia inaungana mbele za Mungu na anasikia maombi yao.

(b) Kufunga na Kuomba

Kufunga ni njia muhimu ya kujitolea kwa Mungu, kutafuta uso wake, na kuvunja vizuizi vya kiroho.

- **Mathayo 17:21:** *"Lakini hili linaweza kutoka kwa kitu hiki tu kwa kufunga na kuomba."* Kufunga na kuomba hufungua milango ya kiroho na huleta ushindi wa kiroho katika familia.

(c) Ibada ya Pamoja

Ibada ya familia ni njia muhimu ya kumtukuza Mungu kwa umoja. Familia inayoshirikiana katika ibada na maombi ina nguvu kubwa ya kiroho.

- **Zaburi 100:4:** *"Inukeni, ingieni kwa milango yake kwa shukrani, kwa viingilio vyake kwa sifa..."* Ibada ya pamoja inaongeza imani na nguvu za kiroho za familia, na inamfanya Mungu kuwa katikati yao.

---

4. Uchambuzi wa Kimaandiko kwa Msaada wa Exhaustive Concordance

- **Madhabahu (Altar):** Neno *mizbeach* linahusiana na mahali pa dhabihu, ibada, na maombi kwa Mungu.
- **Kujitolea (Dedication):** Neno *qadash* linahusiana na kutenga au kujitolea kitu au mtu kwa madhumuni ya kiroho.
- **Ibada (Worship):** Neno *shachah* linahusiana na kumwabudu Mungu kwa shingo za chini, kwa unyenyekevu na kumtukuza.
- **Baraka (Blessing):** Neno *barak* linahusiana na kumtukuza Mungu na kupokea neema zake.

Madhabahu za kimungu ni sehemu muhimu katika maisha ya kiroho ya familia. Kwa kujitolea kwa Mungu kupitia maombi, kufunga, na ibada, familia zinaweza kuanzisha msingi thabiti wa imani, kupata baraka za kiroho, na kuvunja vizuizi vya kishetani. Madhabahu za kimungu zinatufundisha kumtukuza Mungu, kutafuta msamaha, na kuishi kwa njia inayompendeza Mungu. Familia za leo zinapaswa kujenga madhabahu za kimungu nyumbani kwao, ili kuishi kwa furaha na amani mbele za Mungu.

Katika sura inayofuata, tutaangazia jinsi ya kudumisha madhabahu za kimungu na uhusiano wa kiroho katika familia, na jinsi ya kuimarisha maombi ya familia kwa ufanisi.

SEHEMU YA 09

Vifaa vya Kiroho vya Kuvunja Madhabahu za Kifamilia

Maombi na Kufunga: Imarisha Roho Yako na Vunja Ngome

Katika maisha ya kiroho, familia nyingi zinakutana na changamoto kubwa zinazotokana na madhabahu zisizo za kimungu, ambazo huleta vizuizi katika maeneo ya kifedha, afya, ndoa, na mafanikio ya kiroho. Hizi ngome za kiroho zinaweza kuwa ni madhabahu za dhambi, maagano ya kishetani, au madhabahu za familia ambazo zinaathiri vizazi vingi. Katika sura hii, tutaangazia njia kuu za kiroho zinazoweza kutumika kuvunja ngome hizi: maombi na kufunga. Kupitia maombi ya kweli na kufunga, familia zinaweza kushinda nguvu za kishetani, kuvunja madhabahu za kishetani, na kurejesha uhusiano wa karibu na Mungu.

---

1. Maombi: Silaha ya Kiungu kwa Kuvunja Madhabahu

(a) Nini Maombi na Nguvu Zake?

Maombi ni mawasiliano ya kiroho kati ya mwanadamu na Mungu. Maombi hutufanya tuwe na ushirikiano wa karibu na Mungu na hutumika kama njia ya kutafuta msaada, neema, na baraka kutoka kwa Mungu. Kupitia maombi ya kweli, tunaweza kuvunja ngome za kishetani zinazoshikilia familia zetu, kushinda nguvu za giza, na kurejesha familia kwa mapenzi ya Mungu.

- **Mathayo 7:7:** *"Ombeni, nanyi mtapewa; tafuteni, nanyi mtapata; banguni, nanyi mtafunguliwa."* Maombi ni funguo muhimu za kiroho ambazo hutufungulia milango ya baraka, ushindi, na uhuru wa kiroho.

(b) Maombi ya Kuungana kwa Familia

Familia inapaswa kushirikiana katika maombi ya pamoja ili kuvunja madhabahu za kishetani. Maombi ya familia yenye umoja yana nguvu kubwa ya kiroho.

- **Mathayo 18:19-20:** *"Tena nawaambieni, ikiwa wawili wenu wakiomba kitu chochote juu ya dunia, watafanya... kwa kuwa mimi nipo kati yao."* Maombi ya pamoja ni silaha kubwa kwa familia katika kupigana vita vya kiroho na kuvunja madhabahu zisizo za kimungu.

(c) Maombi ya Toba

Toba ni hatua muhimu ya kuunganishwa na Mungu na kuvunja madhabahu ya dhambi katika familia. Kupitia maombi ya toba, familia inajitolea kutubu kwa dhambi za kibinafsi na za kizazi na kuomba msamaha kutoka kwa Mungu.

- **1 Yohana 1:9:** *"Tukiziungama dhambi zetu, yeye ni mwaminifu na wa haki hata atuondolee dhambi zetu..."*
- Maombi ya toba huondoa vizuizi vya kiroho na kuvunja minyororo ya dhambi na laana.

---

2. Kufunga: Nguvu ya Kiungu ya Kuvunja Ngome

(a) Nini Kufunga na Nguvu Zake?

Kufunga ni tendo la kujitolea kwa Mungu kwa kuacha chakula, vinywaji, au shughuli za kimwili ili kuzingatia maombi na kutafuta uso wa Mungu. Kufunga ni njia ya kuwa na unyenyekevu mbele za Mungu na kupata nguvu za kiroho ili kushinda mapigano ya kiroho. Hufungua milango ya kiroho na husaidia kuvunja ngome za kishetani zinazoshikilia maisha yetu.

- **Mathayo 17:21:** *"Lakini hili linaweza kutoka kwa kitu hiki tu kwa kufunga na kuomba."* Hii inaonyesha kuwa kufunga ni njia muhimu ya kushinda mapingamizi ya kiroho na kuvunja nguvu za kishetani.

(b) Kufunga kwa Familia

Kufunga kwa familia ni moja ya njia bora ya kuvunja madhabahu za kishetani. Familia inapaswa kujitolea kwa Mungu kwa kufunga na kuomba pamoja ili kuvunja vizuizi vya kiroho.

- **2 Mambo ya Nyakati 20:3-4:** *"Yoshafati akajinyenyekeza kwa Bwana, akatangaza kufunga kwa Yuda wote."*
- Hii inaonyesha kuwa kufunga na kuomba kwa familia kunaleta nguvu ya kiroho inayotufanya kushinda vita vya kiroho na kuvunja madhabahu zisizo za kimungu.

(c) Kufunga kwa Maombi ya Kutoa

Kufunga sio tu kuacha chakula, bali pia ni wakati wa kujitolea kwa Mungu na kuwa na maombi ya kuondoa vizuizi na ngome. Familia inapaswa kufunga na kuomba ili kuvunja kila aina ya laana na madhabahu za kishetani zinazoshikilia maisha yao.

3. Maombi ya Kufunga: Kuwezesha Ukombozi wa Kiroho

(a) Maombi ya Ukombozi

Kupitia maombi ya kufunga, familia inaweza kupata uhuru wa kiroho na kushinda kila nguvu za giza zinazoshikilia familia. Maombi ya ukombozi hutoa nguvu ya kiroho inayovunja minyororo ya kishetani na kuleta ushindi wa kiroho.

- **Luka 4:18:** *"Roho wa Bwana yu juu yangu, kwa maana amenitia mafuta, akanituma niwahubiri maskini habari njema... kuponya waliovunjika moyo..."* Maombi ya kufunga husaidia katika kuvunja minyororo ya giza na kuleta uponyaji wa kiroho.

(b) Maombi ya Kushinda Laana za Kizazi

Kama familia inakumbwa na laana za kizazi, maombi ya kufunga yanaweza kuvunja madhabahu za kishetani na kurejesha familia kwa Mungu.

- **Kutoka 34:7:** *"Nawapatiliza wana maovu ya baba zao hata kizazi cha tatu na cha nne..."* Kupitia maombi ya kufunga, familia inaweza kuvunja minyororo ya laana na kuleta uhuru wa kiroho.

4. Uchambuzi wa Kimaandiko kwa Msaada wa Exhaustive Concordance

- **Maombi (Prayer):** Neno *'tephillah'* linahusiana na maombi ya dhati mbele za Mungu ili kuleta mabadiliko.
- **Kufunga (Fasting):** Neno *'tsowm'* linahusiana na kujitolea kwa Mungu kwa kuacha chakula au vinywaji ili kutafuta uso wa Mungu.

- **Nguvu (Power):** Neno *'dunamis'* linahusiana na nguvu za kiroho zinazotolewa na Mungu kwa ajili ya ushindi wa kiroho.
- **Ngome (Stronghold):** Neno *'ochus'* linahusiana na kuta au nguvu za kishetani zinazoshikilia mtu au familia.

Maombi na kufunga ni silaha kuu za kiroho zinazotumika kuvunja madhabahu za kishetani na ngome za kiroho zinazoshikilia familia na maisha ya mtu binafsi. Kupitia maombi ya dhati na kufunga, familia zinaweza kushinda nguvu za shetani, kuvunja minyororo ya giza, na kurejesha uhusiano wao wa kiroho na Mungu. Familia za leo zinapaswa kujitolea kwa Mungu kwa maombi ya pamoja, kufunga kwa imani, na kutafuta uso wa Mungu ili kuvunja kila vizuizi na kupata ushindi wa kiroho.

Katika sura inayofuata, tutaangazia jinsi ya kudumisha ushindi wa kiroho kupitia ibada ya kila siku na maombi ya familia.

Kutangaza Neno la Mungu: Tumia Maandiko Kupigana Vita vya Kiroho

Katika utamaduni wa Kikristo, Maandiko ni silaha muhimu katika vita vya kiroho. Vita vya kiroho ni mapambano dhidi ya nguvu za giza, shetani, na kila kitu kinachoharibu uhusiano wetu na Mungu. Maandiko ya Biblia ni nyenzo ya kiroho inayotufundisha, kutuongoza, na kutupa nguvu za kushinda vita hizi. Kupitia maombi ya Maandiko, tunatangaza ahadi za Mungu, na tunapata ushindi juu ya nguvu za kishetani zinazoshambulia maisha yetu. Katika sura hii, tutaangalia kwa undani jinsi Maandiko yanavyotumika katika vita vya kiroho, na tutaomba sala ya vita ya kiroho inayotufundisha jinsi ya kutumia Neno la Mungu kushinda mapambano ya kiroho.

---

1. Vita vya Kiroho: Neno la Mungu kama Silaha

(a) Nini Vita vya Kiroho?

Vita vya kiroho ni mapigano ya kiroho dhidi ya nguvu za shetani, roho za uovu, na kila nguvu inayojaribu kuzuia makusudi ya Mungu katika maisha yetu. Vita hivi havihusiani na mapigano ya kimwili, bali ni mapigano ya kiroho dhidi ya nguvu za giza ambazo zinataka kuzuia baraka, amani, na mafanikio yetu.

- **Waefeso 6:12:** *"Kwa maana hatufanyi vita na damu na nyama, bali na wakuu, na majeshi ya roho za uovu..."*
- Hii inaonyesha kuwa vita vya kiroho vinahusisha mapambano na nguvu za giza, na siyo mapigano ya kimwili.

(b) Neno la Mungu kama Silaha katika Vita vya Kiroho

Neno la Mungu ni silaha kuu katika vita vya kiroho. Maandiko yamejaa ahadi na neno la nguvu linalotuimarisha na kutufundisha jinsi ya kushinda mapingamizi ya kishetani. Kwa kutumia Maandiko katika maombi, tunakuwa na silaha inayotufanya tuwe na nguvu ya kiroho ya kushinda mapigano ya kiroho.

- **Waebrania 4:12:** *"Maandiko ni hai na yana nguvu, na yana ufanisi zaidi kuliko upanga wowote wa pande zote mbili, hata kutenganisha roho na nafsi, na majunto na medula, na kuhitimisha mawazo na makusudi ya moyo."*
- Hii inaonyesha kuwa Maandiko yana nguvu kubwa ya kiroho na ni silaha inayoweza kutufanya kushinda nguvu za giza.

---

2. Kutumia Maandiko Katika Maombi: Vita vya Kiroho kwa Maombi

(a) Maombi ya Kulingana na Ahadi za Mungu

Kama waamini, tunapotumia Maandiko katika maombi, tunatangaza ahadi za Mungu na tunaungana na mapenzi yake. Maandiko yamejaa ahadi zinazohusiana na ulinzi, nguvu, ushindi, na baraka kutoka kwa Mungu. Kwa hiyo, kutumia Maandiko katika maombi ni njia ya kupigana vita vya kiroho na kutafuta msaada wa Mungu katika mapigano yetu ya kiroho.

- **2 Wakorintho 10:4:** *"Kwa maana silaha za vita vyetu si za mwili, bali zina uwezo katika Mungu hata kuangusha ngome."*
- Hii inatufundisha kuwa Maandiko ni silaha ya kiroho inayotufanya tuwe na nguvu ya kushinda mapigano yetu.

(b) Maombi ya Kulingana na Neno la Mungu

Katika maombi, tunaweza kuzungumza Maandiko ambayo yanashughulikia hali tunazopitia. Kwa mfano, ikiwa tunakutana na ugumu wa kifedha, tunaweza kuomba kwa kutumia Maandiko yanayohusiana na ahadi za Mungu za kututunza na kutubariki. Hii inakuza imani yetu na inafanya maombi yetu kuwa na nguvu zaidi.

- **Filipi 4:19:** *"Na Mungu wangu atakidhi kila haja yenu kwa utajiri wake katika utukufu kwa Kristo Yesu."*

Hii ni ahadi ya Mungu kwamba atatupatia mahitaji yetu, na tunapotumia Maandiko haya katika maombi, tunatangaza imani yetu katika ahadi hii.

---

3. Sala ya Vita ya Kiroho: Kutumia Maandiko ili Kushinda

(a) Sala ya Vita ya Kiroho

Hapa chini ni sala ya vita ya kiroho ambayo inatumia Maandiko ili kuvunja nguvu za giza na kushinda kila mapingamizi ya kishetani.

Sala ya Vita ya Kiroho:

"Ewe Baba,

Nashukuru kwa nguvu zako za kiroho na kwa Neno lako lililo hai na lenye nguvu. Natoa shukrani kwa dhabihu ya Yesu Kristo msalabani, kwa damu yake, na kwa ushindi alioupata juu ya shetani. Kwa jina la Yesu, nalivunja kila laana na kila madhabahu za kishetani zinazoshikilia familia yangu na maisha yangu.

Natumia Neno lako kama silaha katika vita vya kiroho, kama ilivyoandikwa katika Waefeso 6:17, 'Tumikia upanga wa Roho, yaani, Neno la Mungu.'

Nashinda kila nguvu za giza kwa damu ya Yesu na kwa neno la ushuhuda wangu, kama ilivyoandikwa katika Ufunuo 12:11, 'Nao walimshinda kwa damu ya Mwanakondoo, na kwa neno la ushuhuda wao.'

Kwa imani katika ahadi zako, na kwa nguvu za Neno lako, ninaangusha ngome za shetani na kuvunja minyororo yote ya kishetani.

Nashinda mapingamizi yote na ninatangaza ushindi wa kiroho kwa familia yangu na maisha yangu.

Katika jina la Yesu Kristo, Amina."

---

4. Uchambuzi wa Kimaandiko kwa Msaada wa Exhaustive Concordance

- **Vita vya Kiroho (Spiritual Warfare):** Neno *polemos* linahusiana na mapigano ya kiroho, vita vya kiroho vinavyoleta ushindi dhidi ya nguvu za giza.
- **Maandiko (Scripture):** Neno *graphe* linahusiana na maandiko matakatifu ya Biblia ambayo ni chanzo cha nguvu ya kiroho.

- **Silaha (Weapon):** Neno *hoplon* linahusiana na zana ya vita, kama upanga, inayotumika kushinda vita vya kiroho.
- **Damu ya Yesu (Blood of Jesus):** Neno *haima* linahusiana na dhabihu ya damu ya Yesu, ambayo ni chanzo cha ukombozi na ushindi wa kiroho.

Maandiko ni silaha ya kiroho yenye nguvu katika vita vya kiroho. Kwa kutumia Maandiko katika maombi, tunapata nguvu ya kushinda nguvu za giza, kuvunja ngome za kishetani, na kutangaza ushindi wa kiroho katika familia na maisha yetu. Kupitia Maandiko, tunaungana na ahadi za Mungu, na kupitia imani yetu katika Neno lake, tunaweza kushinda mapingamizi yote. Familia na watu wa Mungu wanapaswa kujua kuwa vita vya kiroho vinashindika kwa kutumia Neno la Mungu kama silaha na kutangaza ushindi kupitia maombi.

Katika sura inayofuata, tutaangazia jinsi ya kudumisha ushindi wa kiroho na kuendelea kutembea katika ushindi kupitia maombi ya kudumu na Neno la Mungu.

Mafuta ya Upako na Vitendo vya Kinabii

Takasa Nyumba Yako na Tangaza Mamlaka ya Mungu

Mafuta ya upako na vitendo vya kinabii ni zana za kiroho zinazotumika kutangaza mamlaka ya Mungu katika maisha ya mtu na familia. Mafuta ya upako, kama ilivyoandikwa katika Biblia, hutumika kutakasa na kuimarisha eneo au mtu, na vitendo vya kinabii ni hatua zinazochukuliwa kwa imani ili kuleta mabadiliko ya kiroho na kimwili. Katika sura hii, tutaangazia jinsi mafuta ya upako na vitendo vya kinabii vinavyoweza kutumika kutakasa nyumba yako, kubariki familia yako, na kutangaza mamlaka ya Mungu juu ya kila sehemu ya maisha yako.

---

1. Mafuta ya Upako: Silaha ya Kiroho kwa Ulinzi na Baraka

(a) Nini Mafuta ya Upako?

Mafuta ya upako ni mafuta yaliyobarikiwa na kutumika kutakasa na kuwekeza nguvu ya kiroho kwa jina la Mungu. Katika Biblia, mafuta ya upako hutumika kwa ajili ya kutenga vitu au watu kwa ajili ya madhumuni ya Mungu, na yana nguvu ya kiroho za kutakasa na kuleta baraka. Mafuta haya yanapotumika kwa imani, yanafanya kazi kama ishara ya uwepo wa Mungu na mamlaka yake katika maisha ya mtu au familia.

- **1 Samweli 16:13:** *"Basi Samweli akalitwaa lile panga la mafuta, akampaka Daudi kati ya ndugu zake, na Roho wa Bwana akamjia Daudi toka siku hiyo na kuendelea."*
- Hii inaonyesha jinsi mafuta ya upako yalivyotumika kumtenga Daudi kwa ajili ya huduma ya kifalme, na Roho wa Bwana alikuja juu yake.

(b) Mafuta ya Upako Katika Biblia

Mafuta ya upako ni sehemu muhimu ya ibada na uongozi katika Agano la Kale. Wakati wa kutakasa nyumba au sehemu yoyote, mafuta ya upako yalitumika kuweka kando na kumtenga kwa Mungu. Mafuta ya upako yanatumika kwa familia na nyumba ili kutangaza mamlaka ya Mungu juu ya kila kitu kilicho katika nyumba hiyo.

- **Kutoka 30:29:** *"Na kila kitu kitakachogusa mafuta hayo kitakuwa kitakatifu..."* Hii inaonyesha nguvu za kiroho zinazoshikiliwa na mafuta ya upako na jinsi ya kutakasa vitu kwa Mungu.

---

2. Vitendo vya Kinabii: Kutangaza Mamlaka ya Mungu

(a) Nini Vitendo vya Kinabii?

Vitendo vya kinabii ni hatua au matendo ya imani yanayochukuliwa kwa madhumuni ya kutangaza mapenzi ya Mungu na kudhihirisha mamlaka yake katika maisha yetu. Vitendo hivi vinahusiana na agizo la Mungu la kutenda kwa imani, wakati mwingine bila kuelewa kikamilifu matokeo ya matendo hayo, lakini tukitegemea kwamba Mungu atafanya kazi kupitia vitendo hivyo.

- **Hesabu 20:8:** *"Chukueni fimbo, mkusanyike pamoja, ninyi na Haruni ndugu yako, na kusema kwa ile jiwe mbele ya macho yao, ili liwe na maji kutoka kwake, na uwanyweshe watu wa Israeli maji kutoka kwa lile jiwe."*
- Hapa, Mungu alimtaka Musa kufanya kitendo cha kinabii kwa kugonga jiwe ili kutoa maji kwa watu wa Israeli. Vitendo vya kinabii vina nguvu ya kiroho ya kutimiza mapenzi ya Mungu.

(b) Vitendo vya Kinabii Katika Nyumba Yako

Katika familia, vitendo vya kinabii vinapotumika kwa imani, vinachochea ulinzi, baraka, na ushindi wa kiroho. Vitendo vya kinabii vinaweza kuwa ni vitendo vya kumwagilia mafuta ya upako kwenye milango ya nyumba, kusoma Maandiko ya Biblia katika nyumba, au kuomba kwa sauti ili kutangaza mamlaka ya Mungu juu ya nyumba hiyo.

- **Yoshua 24:15:** *"Lakini mimi na nyumba yangu tutamtumikia Bwana."*
- Vitendo vya kinabii vinavyofanywa na familia kwa umoja ni ishara ya kujitolea kwa Mungu na kutangaza mamlaka yake juu ya nyumba na familia.

---

3. Jinsi ya Kutakasa Nyumba Yako na Kutangaza Mamlaka ya Mungu

(a) Mafuta ya Upako kwa Nyumba

Kupaka mafuta ya upako kwenye milango ya nyumba yako ni hatua ya kutangaza mamlaka ya Mungu na kuweka ulinzi wa kiroho kwa familia yako. Hii ni ishara ya kumtenga Mungu kuwa mkuu wa nyumba yako na kuzuia kila nguvu za kishetani kuingia.

- **Kutoka 12:7:** *"Watachukua damu, na kuitia kwenye miimo ya milango yote... na damu hiyo itakuwa ishara kwenu..."*
- Kama ilivyokuwa kwa Waisraeli katika Pasaka, mafuta ya upako ni ishara ya ulinzi wa kiroho kutoka kwa Mungu.

(b) Maombi ya Kinabii kwa Familia

Tumia Maandiko kutangaza baraka, ulinzi, na uongozi wa Mungu juu ya familia yako. Omba kwa sauti, ukitumia ahadi za Mungu kuonyesha kwamba familia yako inatekeleza mapenzi ya Mungu.

- **Zaburi 91:10:** *"Hakutakuwa na maafa yatakayokupata, wala pigo halitaikalia hema yako."* Tangaza maombi haya kwa familia yako, na kwa imani utakuwa unatangaza ulinzi na baraka za Mungu.

(c) Kufunga na Kutangaza kwa Imani

Kufunga na maombi ya kinabii ni njia ya kudumisha mamlaka ya Mungu katika nyumba yako. Wakati wa kufunga, familia inapaswa kutangaza kwa imani kuwa Mungu ni mtawala wa kila kitu kilichomo katika nyumba yao.

- **Mathayo 17:21:** *"Lakini hili linaweza kutoka kwa kitu hiki tu kwa kufunga na kuomba."* Kufunga pamoja katika familia na kutangaza kwa imani ni njia ya kuzima kila mapingamizi ya kishetani na kutangaza ushindi wa kiroho.

---

4. Uchambuzi wa Kimaandiko kwa Msaada wa Exhaustive Concordance

- **Mafuta (Anointing Oil):** Neno *'shemen'* linahusiana na mafuta ya upako, yanayotumika kutakasa na kutenga kwa ajili ya huduma na utumishi wa Mungu.
- **Vitendo vya Kinabii (Prophetic Acts):** Neno *'naba'* linahusiana na kutangaza au kutenda kwa imani kwa lengo la kutimiza mapenzi ya Mungu.
- **Mamlaka ya Mungu (God's Authority):** Neno *'sherut'* linahusiana na kutawala na kudhibiti kwa nguvu za kiroho zinazotoka kwa Mungu.

Mafuta ya upako na vitendo vya kinabii ni silaha za kiroho zinazotumika kutakasa nyumba, kuvunja nguvu za kishetani, na kutangaza mamlaka ya Mungu juu ya familia. Kupitia mafuta ya upako na vitendo vya kinabii, familia zinapata ulinzi, baraka, na nguvu za kushinda mapigano ya kiroho. Familia za leo zinapaswa kuzingatia umuhimu wa kutumia mafuta ya upako na kufanya vitendo vya kinabii kwa imani, ili kutangaza mamlaka ya Mungu juu ya kila sehemu ya maisha yao.

Katika sura inayofuata, tutaangazia jinsi ya kuendelea kutunza na kudumisha ushindi wa kiroho kwa kutumia nguvu ya ibada ya familia na maombi ya kila siku.

SEHEMU YA 10

Nguvu za Madhabahu za Kimungu

Madhabahu za Kimungu Zinaleta Baraka, Ulinzi, na Uingiliaji wa Kimungu

Madhabahu za kimungu ni sehemu muhimu ya kiroho ambazo huleta nguvu za Mungu katika maisha ya familia. Madhabahu hizi sio tu miundo ya kimwili, bali pia ni alama za kujitolea kwa Mungu na kuzingatia mapenzi yake. Familia zinazojitolea kwa Mungu kwa kuanzisha madhababahu za kimungu katika nyumba zao zinapata baraka, ulinzi, na uingiliaji wa kimungu ambao hufungua milango ya neema na ushindi wa kiroho. Katika sura hii, tutaangazia jinsi madhababahu za kimungu zinavyofanya kazi katika maisha ya familia, jinsi zinavyolleta baraka, na jinsi zinavyoweza kuvunja kila nguvu ya giza.

1. Madhabahu za Kimungu: Nguvu za Kiroho

(a) Nini Madhabahu za Kimungu?

Madhabahu za kimungu ni sehemu za kiroho ambapo familia au watu binafsi wanakusanyika ili kumwabudu Mungu, kutangaza ahadi zake, na kuomba ulinzi, baraka, na mwongozo. Madhabahu hizi hufungua milango ya kiroho, ambapo familia zinapojitolea kwa Mungu, nguvu zake zinashuka na kuleta matokeo ya kiroho katika maisha yao.

- **Mwanzo 12:7-8:** *"Bwana akamtokea Abramu, akasema, Uzao wako nitawapa nchi hii. Naye huko akamjengea Bwana madhabahu aliyemtokea. Kisha akaondoka kutoka hapo akaenda upande wa mashariki wa Betheli, akajenga hema yake... akamjengea Bwana madhabahu huko."*
- Hii inaonyesha kuwa madhabahu za kimungu ni sehemu ya kujitolea kwa Mungu na kutangaza mamlaka yake.

(b) Madhabahu za Kimungu Zinavyofanya Kazi

Madhabahu za kimungu zinapotumika kwa imani, zina nguvu ya kushusha ulinzi wa kimungu, kuvunja ngome za kishetani, na kutimiza mapenzi ya Mungu. Nguvu za kiroho zinazotoka kwa madhabahu hizi ni chanzo cha ushindi na baraka katika maisha ya familia.

- **Waefeso 6:10-11:** *"Hatimaye, enendeni kwa nguvu za Bwana, na kwa uwezo wa nguvu zake zote. Vaa silaha zote za Mungu, mpate kuweza kushindana na hila za shetani."*
- Madhabahu za kimungu ni sehemu ya kutunza ulinzi wa kiroho dhidi ya nguvu za kishetani.

---

2. Madhabahu za Kimungu Zinaleta Baraka

(a) Baraka ya Kimungu Katika Familia

Madhabahu za kimungu ni chanzo cha baraka za kiroho na kimwili. Familia zinazojitolea kwa Mungu kupitia madhabahu hizi zinapata baraka katika kila nyanja ya maisha yao, ikiwa ni pamoja na afya, kazi, familia, na ustawi wa kifedha.

- **Malaki 3:10:** *"Leteni zaka kamili nyumbani mwa hazina, ili kuwa na chakula nyumbani mwangu, nanyi mjaribu kwa hiyo, asema Bwana wa majeshi, kama sitaifungua madirisha ya mbinguni, na kutiririsha baraka hata zisizo na nafasi."*
- Madhabahu za kimungu, kwa kupitia maombi na toba, zinatoa fursa ya kupokea baraka kutoka kwa Mungu.

(b) Baraka za Kiroho Zinazoletwa na Madhabahu

Madhabahu za kimungu zinatufungulia njia ya baraka za kiroho, kama vile amani, furaha, na utulivu wa ndani. Familia zinazojitolea kwa Mungu kupitia madhabahu za kimungu zinaishi kwa furaha na amani kwa sababu nguvu za Mungu zinawaongoza na kuwabariki.

- **Zaburi 133:1:** *"Tazama, ni vema na kupendeza kabisa ndugu kuishi pamoja kwa umoja!"* Madhabahu za kimungu hufanya familia kuwa na umoja na furaha, kwani nguvu za Mungu zinashuka na kuleta utulivu.

---

3. Madhabahu za Kimungu Zinaleta Ulinzi wa Kimungu

(a) Ulinzi wa Kimungu kwa Familia

Madhabahu za kimungu ni chanzo cha ulinzi wa kiroho dhidi ya nguvu za giza. Familia zinazojitolea kwa Mungu kwa kutengeneza madhabahu za kimungu zinapata ulinzi kutoka kwa Mungu, kwa kuwa anawasiliana na wao kupitia maombi, ibada, na dhabihu.

- **Zaburi 91:10-11:** *"Hakutakuwa na maafa yatakayokupata, wala pigo halitaikalia hema yako. Kwa maana atamwamuru malaika zake wakulinde katika njia zako zote."*

- Madhabahu za kimungu ni sehemu ya kupata ulinzi wa kimungu kwa familia dhidi ya mashambulizi ya shetani.

(b) Madhabahu za Kimungu Zinavyoshinda Madhabahu za Kishetani

Madhabahu za kishetani zinatufunga na kutufanya tuishi kwa utumwa wa kiroho. Madhabahu za kimungu, kupitia maombi ya kweli na dhabihu za kiroho, zinavunja ngome na madhabahu za kishetani na kutufanya huru.

- **Waefeso 6:12:** *"Kwa maana hatufanyi vita na damu na nyama, bali na wakuu, na majeshi ya roho za uovu katika ulimwengu huu wa giza..."* Madhabahu za kimungu zinatusaidia kuvunja ngome za kishetani na kushinda vita vya kiroho.

---

4. Jinsi ya Kuanzisha Madhabahu za Kimungu Katika Familia

(a) Jitolee kwa Mungu kwa Maombi na Ibada

Familia inayotaka kuanzisha madhabahu za kimungu inapaswa kujitolea kwa Mungu kupitia maombi ya pamoja na ibada. Hii ni njia ya kumwomba Mungu kuongoza nyumba yao na kuleta ulinzi na baraka.

- **Yoshua 24:15:** *"Lakini mimi na nyumba yangu tutamtumikia Bwana."*
- Familia inapaswa kujitolea kwa Mungu kwa ibada ya pamoja, na madhabahu za kimungu zitakua sehemu ya ushindi na baraka.

(b) Kutenga Nyumba Yako kwa Mungu

Kupaka mafuta ya upako kwenye milango na madirisha ya nyumba yako ni ishara ya kumtenga Mungu kuwa mtawala wa familia yako na nyumba yako. Hii inaleta ulinzi wa kimungu na kutangaza mamlaka ya Mungu.

- **Kutoka 12:7:** *"Watachukua damu, na kuitia kwenye miimo ya milango yote..."* Mafuta ya upako na maombi ya familia kwa umoja ni njia ya kutakasa nyumba yako na kumtangaza Mungu kuwa mtawala wa familia yako.

(c) Kuishi Kwa Msingi wa Neno la Mungu

Madhabahu za kimungu zinajengwa kwa msingi wa Neno la Mungu. Familia inapaswa kujenga madhabahu kwa kutii Neno la Mungu na kudumisha maisha ya maombi, ibada, na kusoma Biblia kwa pamoja.

- **Mathayo 7:24:** *"Basi kila asikilizaye maneno yangu, na kuyatenda, atafananishwa na mtu mwenye hekima, aliyemjengea nyumba yake juu ya mwamba."*

Neno la Mungu linajenga madhabahu za kimungu na kutufanya tuwe na imani thabiti.

---

5. Uchambuzi wa Kimaandiko kwa Msaada wa Exhaustive Concordance

- **Madhabahu (Altar):** Neno *mizbeach* linahusiana na mahali pa dhabihu na ibada kwa Mungu.
- **Baraka (Blessing):** Neno *barak* linahusiana na kutunza na kutangaza neema za Mungu.
- **Ulinzi (Protection):** Neno *sakal* linahusiana na kulinda na kuhifadhi kwa nguvu za kimungu.
- **Mamlaka (Authority):** Neno *'sherut'* linahusiana na kutawala na kudhibiti kwa nguvu za kiroho zinazotoka kwa Mungu.

Madhabahu za kimungu ni chanzo cha nguvu za kiroho, baraka, na ulinzi kwa familia na maisha ya waamini. Kupitia madhabahu hizi, familia zinazojitolea kwa Mungu zinaweza kuvunja nguvu za kishetani, kupokea baraka za kimungu, na kuishi kwa amani na utulivu. Familia za leo zinapaswa kujenga madhabahu za kimungu kwa maombi, ibada, na Neno la Mungu ili kuleta ushindi wa kiroho na kutangaza mamlaka ya Mungu juu ya kila sehemu ya maisha yao.

Katika sura inayofuata, tutaangazia jinsi ya kudumisha madhabahu za kimungu na kuendelea kutembea katika baraka na ushindi wa kiroho.

SEHEMU YA 11

Tafiti za Mifano na Ushuhuda

Hadithi za Maisha Halisi za Familia Zilizovunja Madhabahu Zisizo za Kimungu na Kupata Urejesho na Baraka

Katika maisha ya kiroho, familia nyingi zinakutana na changamoto zinazotokana na madhabahu zisizo za kimungu, ambazo huleta laana, ugumu, na vizuizi katika maisha yao. Hata hivyo, kupitia imani katika Mungu na kuvunja madhabahu hizi kwa nguvu za kiroho, familia nyingi zimeona urejesho wa kiroho, baraka, na ushindi wa kiroho. Katika sura hii, tutaangazia mifano halisi ya familia ambazo zimevunjua madhabahu zisizo za kimungu na jinsi Mungu alivyowaleta kwenye hali ya urejesho na baraka.

1. Ushuhuda wa Familia ya Mwaura: Urejesho wa Kifedha na Umoja

Familia ya Mwaura ilikuwa inakutana na changamoto kubwa za kifedha na migogoro ya familia kwa miaka mingi. Walikuwa wakikumbana na ugumu wa kifedha, ambapo kila juhudi waliyoifanya haikuzaa matunda. Walikosa maelewano katika ndoa ya wazazi, na watoto walikuwa wanakutana na changamoto za kisaikolojia na kimaadili.

Wakiwa wanahitaji msaada, walikusanyika na kufanya maombi ya pamoja kwa familia, na waliguswa kutubu na kuvunja madhabahu za kishetani zilizokuwa zinawakalia. Walitumia mafuta ya upako na walijitolea kumtumikia Mungu kwa maombi na kufunga. Familia ya Mwaura ilijitolea kwa Mungu kwa kutoa zaka na sadaka kwa madhumuni ya kumtukuza Mungu. Baada ya mwezi mmoja wa maombi ya pamoja, waliona mabadiliko makubwa.

- **Mali Zilizozidi:** Familia ya Mwaura ilianza kuona mafanikio ya kifedha. Biashara ya baba aliyejiingiza kwenye biashara ndogo ilianza kupata wateja wengi, na familia ilianza kufanikiwa kimaisha.
- **Umoja wa Familia:** Migogoro ya ndoa ilianza kutoweka, na familia ilianza kuishi kwa umoja na upendo. Walijenga imani thabiti kwa Mungu na familia ilirejeshwa katika umoja wa kimungu.

Maandiko:

- **Malaki 3:10:** *"Leteni zaka kamili nyumbani mwa hazina, ili kuwa na chakula nyumbani mwangu..."*
- **Zaburi 133:1:** *"Tazama, ni vema na kupendeza kabisa ndugu kuishi pamoja kwa umoja!"*

---

2. Ushuhuda wa Familia ya Mwamba: Ulinzi wa Kimungu na Uponyaji

Familia ya Mwamba ilikuwa inakutana na changamoto kubwa za kiafya. Mwanzo wa shida ilianza pale ambapo mtoto wao aligundulika na ugonjwa sugu ambao ulilisha familia nzima kwa huzuni. Walijaribu kila aina ya tiba, lakini waliona hakukuwa na mabadiliko yoyote. Wakiwa na maumivu ya kiroho, walijua kuwa familia ilikuwa inakumbwa na laana ya kishetani iliyokuwa ikivuruga afya zao.

Baada ya kusikia juu ya nguvu za madhabahu za kimungu, familia ya Mwamba ilikusanyika na kufanya maombi ya kuvunja madhabahu za kishetani, kwa kutumia mafuta ya upako na Maandiko ya Biblia. Walijitolea kwa Mungu kwa maombi ya familia na walikiri dhambi zote ambazo walikuwa wamefanya, ikiwa ni pamoja na dhambi za kizazi zilizokuwa zikiathiri familia yao.

Baada ya maombi ya kwa imani na kufunga, waliona mabadiliko makubwa:

- **Ulinzi wa Kimungu:** Waliona ulinzi wa kiroho kwa familia yao, ambapo hakuna ugonjwa mwingine uliowapata tena.
- **Uponyaji wa Afya:** Mtoto wao alipona kwa haraka, na familia ilianza kusherehekea uponyaji wa kimungu.

Maandiko:

- **Zaburi 91:10-11:** *"Hakutakuwa na maafa yatakayokupata, wala pigo halitaikalia hema yako. Kwa maana atamwamuru malaika zake wakulinde katika njia zako zote."*
- **Isaiah 53:5:** *"Lakini alijeruhiwa kwa makosa yetu, alitwikwa kwa uovu wetu; adhabu ya amani yetu ilikuwa juu yake, na kwa mapigo yake sisi tumepona."*

3. Ushuhuda wa Familia ya Kibei: Kurejeshwa kwa Mamlaka ya Kimungu na Kupata Baraka

Familia ya Kibei ilikumbana na changamoto za kiroho zilizotokana na madhabahu za kishetani zilizojengwa na mababu zao. Walikubaliana kuwa walikuwa wanahitaji kuvunja vizuizi vya kiroho vilivyokuwa vikiathiri familia yao. Familia ilikuwa na migogoro ya ndoa, migawanyiko, na ugumu wa kifedha ambao ulizidi kudumu kwa vizazi.

Baada ya kujifunza kuhusu madhabahu za kimungu na nguvu za kutangaza mamlaka ya Mungu juu ya familia, familia ya Kibei ilianza mchakato wa kuvunja madhabahu za kishetani kwa kutumia maombi ya imani na mafuta ya upako. Walitumia Maandiko kama silaha katika vita vya kiroho.

Baada ya mwezi mmoja wa maombi ya familia kwa umoja, waliona mabadiliko:

- **Mamlaka ya Mungu:** Waliona uhusiano wao na Mungu ukizidi kuwa thabiti na familia ilikua na nguvu za kiroho.
- **Baraka za Kimungu:** Familia ya Kibei ilianza kupata baraka katika maeneo ya kifedha na mafanikio, na ndoa za familia zilianza kuwa na umoja na amani.

Maandiko:

- **Yeremia 33:3:** *"Niite, nitatikiana nawe, nitakujulisha mambo makuu na ya ajabu usiyoyajua."*
- **Waefeso 6:10-11:** *"Hatimaye, enendeni kwa nguvu za Bwana, na kwa uwezo wa nguvu zake zote. Vaa silaha zote za Mungu, mpate kuweza kushindana na hila za shetani."*

Hadithi hizi za familia zinazovunja madhabahu zisizo za kimungu na kupata urejesho wa kiroho, baraka, na ushindi zinatufundisha kuwa kupitia imani, maombi, na kujitolea kwa Mungu, familia zinaweza kushinda kila nguvu ya kishetani. Madhabahu za kimungu hufungua milango ya baraka na ulinzi wa kiroho, na familia zinazozijenga madhabahu za kimungu zinapata nguvu ya kushinda mapingamizi yoyote. Familia za leo zinapaswa kujitolea kwa Mungu kwa imani na kutumia madhabahu za kimungu kama sehemu ya ushindi na baraka katika maisha yao.

Katika sura inayofuata, tutaangazia jinsi ya kudumisha ushindi wa kiroho na baraka za kimungu kupitia maombi ya kudumu na kujitolea kwa Mungu.

SEHEMU YA 12

Kuishi Huru Kutoka kwa Utumwa wa Madhabahu za Kifamilia

Hatua za Vitendo za Kudumisha Uhuru wa Kiroho na Kuweka Familia Ijitenge kwa Mungu

Madhabahu za kifamilia zisizo za kimungu zinaweza kuwa chanzo cha utumwa wa kiroho katika familia. Laana, migogoro, na vizuizi vyote vinaweza kusababishwa na madhabahu zilizojengwa kwa dhambi, ibada za sanamu, au maagano yasiyo ya kimungu. Hata hivyo, kwa kupitia nguvu ya Mungu, familia zinaweza kuvunja minyororo hii na kuishi kwa uhuru wa kiroho. Ili kudumisha uhuru wa kiroho na kuhakikisha kwamba familia yako inabaki imetolewa kwa Mungu, ni muhimu kuchukua hatua za vitendo ambazo zitazuia madhabahu zisizo za kimungu na kuendeleza uhusiano wa karibu na Mungu. Katika sura hii, tutaangazia hatua za kiroho ambazo familia inaweza kuchukua ili kudumisha uhuru wa kiroho na kumtumikia Mungu kwa umoja.

---

1. Kuelewa Umuhimu wa Uhuru wa Kiroho

(a) Nini Uhuru wa Kiroho?

Uhuru wa kiroho ni hali ya kuishi kwa njia inayompendeza Mungu, bila kuwa na vizuizi vya kiroho ambavyo vinazuia baraka, amani, na mafanikio. Familia inayoshikilia uhuru wa kiroho inakuwa huru kutoka kwa utumwa wa dhambi, laana, na madhabahu zisizo za kimungu. Uhuru wa kiroho unaleta nafasi ya kushinda mapingamizi ya kishetani na kupokea baraka kutoka kwa Mungu.

- **Galatia 5:1:** *"Basi, msimame imara, wala msirudi tena katika nira ya utumwa."* Hii inaonyesha kuwa familia inapaswa kushikilia uhuru wao kwa nguvu ya Mungu, na kuwa huru kutoka kwa nguvu za giza zinazowazuia.

(b) Madhabahu za Kishetani Zinavyoshikilia Familia

Madhabahu zisizo za kimungu hufunga familia katika utumwa wa kiroho. Familia inaweza kushindwa kutembea katika ushindi wa kiroho ikiwa inashikiliwa na nguvu za kishetani zinazotoka kwa madhabahu za giza. Hata hivyo, kwa kupitia toba, maombi, na kujitolea kwa Mungu, familia zinaweza kuvunja minyororo hii.

- **Waefeso 6:12:** *"Kwa maana hatufanyi vita na damu na nyama, bali na wakuu, na majeshi ya roho za uovu katika ulimwengu huu wa giza..."* Familia inayoshikilia uhuru wa kiroho inashinda nguvu za kishetani kwa imani katika Neno la Mungu.

---

2. Hatua za Vitendo za Kudumisha Uhuru wa Kiroho

(a) Kujitolea kwa Mungu Kupitia Maombi ya Familia

Hatua ya kwanza ni kujitolea kwa Mungu kwa maombi ya familia. Familia inapaswa kusali pamoja, kutafuta uso wa Mungu, na kutangaza mamlaka ya Mungu juu ya nyumba yao. Maombi ya familia yana nguvu kubwa ya kiroho ya kushinda mapingamizi na kuvunja madhabahu za kishetani.

- **Mathayo 18:19-20:** *"Tena nawaambieni, ikiwa wawili wenu wakiomba kitu chochote juu ya dunia, watafanya... kwa kuwa mimi nipo kati yao."* Maombi ya familia kwa umoja ni sehemu muhimu ya kudumisha uhuru wa kiroho.

(b) Kuishi kwa Neno la Mungu

Familia inapaswa kujenga maisha yao kwa msingi wa Neno la Mungu. Kusoma, kusikiliza, na kutii Neno la Mungu kunaleta nuru na uongozi wa kiroho katika familia. Kwa kudumisha Neno la Mungu, familia inakuwa na nguvu za kushinda kila vizuizi vya kishetani na kuishi kwa baraka.

- **Mathayo 7:24:** *"Basi kila asikilizaye maneno yangu, na kuyatenda, atafananishwa na mtu mwenye hekima, aliyemjengea nyumba yake juu ya mwamba."*
  Kusikiliza na kutii Neno la Mungu ni hatua muhimu ya kudumisha uhuru wa kiroho na kushinda nguvu za giza.

(c) Kufunga na Kuomba

Kufunga ni njia muhimu ya kutafuta uso wa Mungu, kuvunja minyororo ya kishetani, na kushinda mapingamizi ya kiroho. Familia inayofunga pamoja na kuomba kwa imani inapata nguvu za kiroho ambazo zinawasaidia kushinda nguvu za shetani na kudumisha uhuru wa kiroho.

- **Mathayo 17:21:** *"Lakini hili linaweza kutoka kwa kitu hiki tu kwa kufunga na kuomba."* Kufunga na maombi ya familia kwa pamoja ni njia muhimu ya kuvunja vizuizi vya kiroho.

3. Kudumisha Umoja katika Familia

(a) Kuishi Kwa Umoja na Upendo

Umoja na upendo katika familia ni msingi wa kushinda mapingamizi na kudumisha uhuru wa kiroho. Familia inayokosa umoja inaweza kuwa na changamoto kubwa za kiroho, lakini kwa kushirikiana kwa upendo na umoja, familia inapata nguvu ya kushinda vita vya kiroho.

- **Zaburi 133:1:** *"Tazama, ni vema na kupendeza kabisa ndugu kuishi pamoja kwa umoja!"* Umoja wa familia ni msingi wa ushindi wa kiroho na kudumisha uhuru wa kiroho.

(b) Kujitolea kwa Ibada na Huduma kwa Mungu

Familia inayojitolea kwa Mungu kwa ibada ya pamoja na huduma inapata nguvu za kiroho zinazowasaidia kudumisha uhuru wa kiroho. Ibada ya familia ni ishara ya kujitolea kwa Mungu na kuonyesha kwamba familia inamtumikia Mungu kwa upendo na kumtukuza.

- **Yoshua 24:15:** *"Lakini mimi na nyumba yangu tutamtumikia Bwana."*
- Ibada ya familia ni hatua muhimu ya kujitolea kwa Mungu na kudumisha uhusiano wa kiroho na Mungu.

---

4. Kuvunja Madhabahu za Kishetani na Laana

(a) Kuvunja Laana za Kizazi

Madhabahu zisizo za kimungu na laana za kizazi zinaweza kuwa chanzo cha utumwa wa kiroho. Familia inapaswa kuvunja laana za kizazi kwa kutubu, kutumia mafuta ya upako, na kufanya maombi ya imani.

- **Kutoka 34:7:** *"Nawapatiliza wana maovu ya baba zao hata kizazi cha tatu na cha nne..."* Kupitia maombi ya kuvunja laana za kizazi, familia inapata uhuru wa kiroho na ulinzi wa kimungu.

(b) Kuvunja Madhabahu za Kishetani

Familia inayojitolea kwa Mungu kwa imani na kutumia mafuta ya upako katika nyumba yao, inavunja madhabahu za kishetani na kuvunja minyororo ya giza inayoshikilia familia.

- **Waefeso 6:12:** *"Kwa maana hatufanyi vita na damu na nyama, bali na wakuu, na majeshi ya roho za uovu..."*
- Madhabahu za kishetani zinavunjwa kwa nguvu ya maombi na mafuta ya upako, na familia inapata uhuru wa kiroho.

---

5. Uchambuzi wa Kimaandiko kwa Msaada wa Exhaustive Concordance

- **Uhuru (Freedom):** Neno *'eleutheria'* linahusiana na kuwa na uhuru wa kiroho kutoka kwa nguvu za giza.
- **Umoja (Unity):** Neno *'echad'* linahusiana na kushirikiana na upendo na imani.
- **Laana (Curse):** Neno *'arar'* linahusiana na hukumu inayotokana na madhabahu za kishetani na dhambi za kizazi.

Kudumisha uhuru wa kiroho ni mchakato unaohitaji kujitolea kwa Mungu, kuishi kwa umoja, na kuvunja madhabahu za kishetani. Familia zinazojitolea kwa Mungu kwa imani na kutumia zana za kiroho kama maombi, kufunga, na ibada za pamoja zinaweza kushinda kila nguvu ya kishetani na kupata baraka na ulinzi wa kiroho. Familia za leo zinapaswa kuishi kwa uhuru wa kiroho, kudumisha umoja, na kutii Neno la Mungu ili kuishi kwa furaha, amani, na ushindi wa kiroho.

Katika sura inayofuata, tutaangazia jinsi ya kushinda mapingamizi ya kiroho kwa kutumia nguvu ya imani na kujitolea kwa Mungu.

SEHEMU YA 13

Hitimisho

Mungu Amekuita kwa Uhuru na Urejesho

Mungu ametuita kuishi katika uhuru na urejesho. Kuvunja madhabahu za kifamilia siyo tu kuhusu kuponywa kutoka kwa utumwa wa kiroho; ni kuhusu kuanzisha urithi mpya wa haki, baraka, na urithi wa kimungu. Wakati familia zinapovunja madhabahu zisizo za kimungu, zinapata nafasi ya kujenga maisha mapya ambayo yana msingi wa imani, haki, na upendo wa Mungu. Kuvunja vizuizi vya kiroho na kuvunja minyororo ya kishetani kunawezesha familia kushuhudia matokeo ya baraka za Mungu ambazo haziwezi kupimika.

1. Kuvunja Madhabahu za Kishetani: Hatua ya Kujenga Urithi wa Haki

Kuvunja madhabahu za kishetani ni hatua ya kiroho ya kuvunja laana na vizuizi ambavyo vimekuwa vikiathiri familia kwa vizazi. Hii ni hatua ya ujasiri, ambapo familia inasema kwa imani kwamba hatutaki tena kushikiliwa na nguvu za kishetani, bali tunataka kujenga msingi wa haki, amani, na upendo wa Mungu. Kwa kufanya hivyo, familia zinapata nafasi ya kujenga urithi wa kimungu, ambao utaenea kutoka kizazi kimoja hadi kingine.

- **Zaburi 33:12:** *"Herí ya taifa lile ambalo Mungu ni Bwana wake, na watu wake aliyochagua kwa urithi."*

  Madhabahu za kimungu hufungua milango ya baraka, ulinzi, na uongozi wa Mungu kwa familia zinazomtii na kutafuta uso wake.

---

2. Baraka za Urejesho: Kushuhudia Uwepo wa Mungu

Kuvunja madhabahu zisizo za kimungu hakuleti tu uhuru wa kiroho, bali pia kunaleta baraka. Familia ambazo zimejitolea kwa Mungu na kutubu kwa dhati zinapata urejesho katika kila sehemu ya maisha yao—kiroho, kifedha, kiafya, na kijamii. Urejesho huu ni ushahidi wa upendo wa Mungu na uaminifu wake kwa ahadi alizozifanya kwa watu wake.

- **Malaki 3:10:** *"Leteni zaka kamili nyumbani mwa hazina, ili kuwa na chakula nyumbani mwangu..."*

  Madhabahu za kimungu zinatoa fursa ya kupokea baraka na kuona mafanikio yanayotokana na kujitolea kwa Mungu kwa imani.

---

3. Urithi wa Kimungu: Kuanzisha Uhusiano wa Kudumu na Mungu

Familia zinazojitolea kwa Mungu kupitia madhabahu za kimungu zinajenga urithi wa kimungu. Urithi huu siyo tu wa kimaadili au kifedha, bali ni urithi wa imani, maadili, na uhusiano wa karibu na Mungu. Familia zinazoweka madhabahu za kimungu zinaweza kuwa na uhuru wa kiroho na nguvu za kiroho ambazo zitakuza vizazi vijavyo. Kwa hivyo, kuvunja madhabahu za kishetani ni hatua muhimu ya kuanzisha urithi wa haki na utakatifu, ambao utabarikiwa na Mungu.

- **Zaburi 112:1-2:** *"Heri mtu amchaye Bwana, anayependa sana amri zake! Kizazi cha watu wa haki kitakuwa na baraka."* Urithi wa haki unaojengwa kupitia madhabahu za kimungu unaleta baraka za kiroho ambazo zitaenea kwa vizazi vijavyo.

Kuvunja madhabahu za kifamilia zisizo za kimungu ni mchakato wa kiroho unaohitaji imani, toba, na kujitolea kwa Mungu. Hii siyo tu kuhusu kuondoa laana au kuvunja minyororo ya giza, bali ni kuhusu kuanzisha urithi mpya wa haki, baraka, na urithi wa kimungu. Familia zinazojitolea kwa Mungu kwa maombi, ibada, na maadili ya kimungu zinapata baraka na ushindi wa kiroho. Tunapoendelea kushikilia uhuru wetu wa kiroho na kujenga madhabahu za kimungu katika familia zetu, tutashuhudia matokeo ya baraka na ushindi, na tutakuwa na urithi wa kimungu ambao utadumu kwa vizazi vijavyo.

Tutakuwa na nguvu ya kushinda, upendo wa Mungu utaonekana katika familia zetu, na tutaishi kwa baraka na ushindi wa kiroho.

SEHEMU YA 14

Maombi ya Kuvunja Madhabahu za Kifamilia

Maombi ya Ukombozi
Maombi ya Urejesho wa Familia
Maombi ya Kujitolea

Katika safari ya kiroho ya familia, maombi ni silaha muhimu inayotumika kuvunja madhabahu za kishetani, kuleta ulinzi wa kimungu, na kufungua milango ya baraka. Familia zinazopitia changamoto zinazohusiana na madhabahu zisizo za kimungu zinahitaji nguvu za kiroho za kuvunja vizuizi na kuanzisha uhusiano wa karibu na Mungu. Katika sura hii, tutataja aina tatu muhimu za maombi: maombi ya ukombozi, maombi ya urejesho wa familia, na maombi ya kujitolea kwa Mungu.

1. Maombi ya Ukombozi: Kuvunja Madhabahu za Kishetani

Ee Baba,

Nashukuru kwa nguvu zako za kiroho na kwa dhabihu ya Yesu Kristo msalabani. Leo, kwa imani, ninatangaza uhuru wa familia yangu kutoka kwa madhabahu za kishetani. Kwa jina la Yesu, ninavunja kila nguvu ya kishetani inayoshikilia familia yangu, na ninatangaza uhuru wa kiroho kwa kila mmoja wetu.

(Kama familia, tafadhali semeni kwa imani, "Kwa jina la Yesu, tunavunja kila madhabahu ya kishetani!")

Baba,

Ninaomba uondoe kila laana na vizuizi vilivyowekwa na madhabahu zisizo za kimungu. Ninatangaza kwamba familia yangu itakuwa huru kutoka kwa nguvu za shetani na kutangaza mamlaka ya Yesu Kristo juu ya nyumba yetu. *"Kwa damu ya Yesu, familia yangu inapata uhuru, na kila ngome ya giza inavunjwa."*

Mathayo 16:19: *"Nami nitakupa funguo za ufalme wa mbinguni; na vyovyote vitakavyofunguliwa duniani, vitakuwa vimefunguliwa mbinguni."*

Mungu, tunakiri kwamba kwa imani, madhabahu za kishetani zinazoshikilia familia yetu sasa zimeshindwa, na tunatangaza ushindi kwa jina la Yesu Kristo.

---

2. Maombi ya Urejesho wa Familia: Kuleta Ulinzi, Umoja, na Baraka

Baba wa Mbinguni,

Leo, tunakuja mbele zako kwa moyo wa toba, tukikiri dhambi zote za familia yetu. Tunaomba msamaha kwa kila dhambi iliyofanywa na mababu zetu na sisi wenyewe. Tunatangaza urejesho wa familia yetu kwa kupitia damu ya Yesu Kristo.

Tunatangaza kwamba familia yetu itaishi kwa umoja, upendo, na baraka zako, na kila nguvu ya kishetani itashindwa.
"Katika jina la Yesu, familia yangu itapata amani, furaha, na baraka za kimungu."

Zaburi 133:1: *"Tazama, ni vema na kupendeza kabisa ndugu kuishi pamoja kwa umoja!"*

Baba, tunakiri kwamba kwa nguvu zako za kiroho, familia yetu itaishi kwa umoja na upendo. Hatuwezi kufanya hili bila wewe, hivyo tunakutegemea kwa kila jambo.

Jeremiah 29:11: *"Kwa maana nijuayo mawazo yangu ninayowazia ninyi, asema Bwana, mawazo ya amani, wala si ya mabaya, ili kutoa tumaini na mwisho."* Baba, tunajua kwamba mawazo yako kwa familia yetu ni ya amani, na kwa imani, tunakubali urejesho wa familia yetu katika jina la Yesu.

---

3. Maombi ya Kujitolea kwa Mungu: Kumtumikia Mungu na Kumtangaza kama Mkuu wa Familia

Baba,

Leo, tunajitolea mbele zako kwa imani na upendo. Tunataka familia yetu iwe chombo cha utukufu wako. Tunaomba kwamba kupitia madhabahu za kimungu, utufundishe kutembea katika njia zako, kwa ajili ya jina lako.

Tunatangaza kwa imani kwamba kila mmoja wetu atatembea kwa utii kwetu kwa ajili ya utukufu wako. Tunapomtegemea, tunaamini kwamba baraka zako zitashuka juu yetu, na familia yetu itakuwa na ushuhuda wa kimungu kwa vizazi vijavyo.
"Baba, mimi na familia yangu tunakutolea kwetu kwa huduma yako."

Yoshua 24:15: *"Lakini mimi na nyumba yangu tutamtumikia Bwana."*

Baba, tunaamua kumtumikia wewe na tutashuhudia wema wako katika familia yetu. Tunakiri kwa imani kwamba familia yetu itakuwa mfano wa uaminifu na utii kwa Mungu.

Roma 12:1: *"Basi, ndugu zangu, kwa huruma za Mungu, nawasihi, mtoe miili yenu kama dhabihu iliyo hai, takatifu, yenye kumpendeza Mungu..."*

Tunatoa familia yetu mbele zako kama dhabihu iliyo hai, tukitamani kuwa chombo cha utukufu wako.

Maombi ya ukombozi, urejesho, na kujitolea ni hatua muhimu za kiroho zinazotumika kuvunja madhabahu za kishetani, kurejesha familia kwa Mungu, na kumtangaza Mungu kama mtawala wa familia. Familia zinazojitolea kwa Mungu kwa imani na kupitia maombi ya kudumu zinaweza kushinda mapingamizi ya kiroho na kupata baraka, ulinzi, na uongozi wa kimungu.

Katika jina la Yesu, tunatangaza uhuru wa kiroho kwa familia zetu, tunakiri urejesho wa familia, na tunajitolea kumtumikia Mungu kwa imani na utii. Tunashukuru kwa nguvu zako na kwa upendo wako usio na kikomo, na kwa imani tunaamini kwamba familia zetu zitaishi kwa baraka zako na kutembea kwa njia zako.

Katika jina la Yesu Kristo, Amina.

MWISHO

Kuvunja madhabahu za kifamilia kunahitaji dhamira thabiti, uvumilivu, na imani katika nguvu za Mungu. Kitabu hiki kinatoa mwongozo wa kukusaidia kupitia safari hii na kudai ushindi ambao Yesu Kristo tayari amekwisha kushinda kwa ajili yako.

"Ikiwa Mungu yupo pamoja nasi, nani atakayekuwa dhidi yetu?" (Warumi 8:31)

www.ingramcontent.com/pod-product-compliance
Lightning Source LLC
LaVergne TN
LVHW010942051026
849532LV00003B/1102

* 9 7 9 8 3 4 8 4 6 2 0 1 7 *